사라져가는 토종문화를 찾아서

장이

글 이용한 · 사진 심병우

사라져가는 토종문화를 찾아서

장이

2001년 5월 21일 초판 1쇄 펴냄
2001년 6월 15일 초판 2쇄 펴냄

글쓴이 / 이용한
찍은이 / 심병우

펴낸이 / 김영현
만든이 / 이순화, 정은영, 신용목
관리 · 영업 / 김경배, 김태일, 이용희
펴낸곳 / (주)실천문학
등록 10-1221호(1995.10.26)
인쇄 / 한영문화사, 제본 / 영신제책사

(121-839) 서울시 마포구 서교동 384-15 명진빌딩 2층
전화 322-2161~5 팩스 322-2166
E-mail : sbook@dreamwiz.com

ISBN 89-392-0410-7 03900

시대는 빠르게 변하고 있다. 시시각각 달라지는 이 급박한 세상
에 아직도 미련스럽게, 여전히 고집스럽게 고유한 우리네 토
종 생활문화의 맥을 이어가는 사람들이 있다. 이 속도전쟁 속에서 오히려
그들은 느리게 자신의 삶을 밀고 간다. 컴퓨터라는 기계문명을 신봉하는
젊은이들 눈에는 그들이 세상물정 모르는 '구식'으로 보일지도 모르지만,
그 느림이야말로 어쩌면 우리의 문화를 지켜온 힘이라는 생각이 든다. 그
러므로 이 책은 삶의 느림에 대한 기록이다.

느린 삶을 사는 사람들. 바로 우리네 토종 생활문화의 맥을 이어가는 사
람들. 나는 그들에게 '토종문화 지킴이'라는 뜻에서 '토종지기'라는 이름
을 붙이고 싶다. 이들 토종지기를 구분하매, 편의상 나는 '꾼'과 '장이'로
나누어보았는데, 각 특성을 살려 책도 두 권으로 하여 '꾼'과 '장이'의 서
로 다른 삶의 모양을 따로 들여다보게 하였다.

우선 『사라져가는 토종문화를 찾아서 —꾼』에서는 심메마니, 약초꾼,
석이꾼, 송이꾼, 석청꾼, 초막 농사꾼, 독살 어부, 죽방렴 어부, 해녀, 소금
꾼, 봉받이, 굴피집지기, 남사당 앞쇠 등 모두 13가지의 서로 다른 '업'과
16명의 '꾼'에 대한 삶을 소개하고 있다. 아울러 토종지기의 삶이 낳은 몇
가지 토종문화에 대한 이야기도 곁들였다.

이어 『사라져가는 토종문화를 찾아서 —장이』에서는 숯장이, 대장장이,
왕골장이, 짚신장이, 짚풀장이, 베장이, 모시장이, 무명장이, 명주장이, 쪽
물장이, 옹기장이, 부채장이, 엿할머니, 올챙이 국수장수 등 모두 14가지

의 서로 다른 업과 16명의 '장이'에 대한 삶과, 역시 몇 가지 토종문화에 대한 이야기를 덧붙였다.

'꾼'이 오랜 세월 하나의 일에 매달려오며, 주로 발품을 팔아 생계를 유지해 온 쪽이라면, '장이'는 한정된 공간에서 수공업적인 기술로 이것저것 만들어 솜씨를 드러내는 쪽이라 할 수 있다. 어쩌면 '꾼'이나 '장이'라는 말이, 그들을 홀대하는 말이 아니냐고 섭섭해하는 사람도 있을지 모르겠다. 하지만 우리네 전통적인 서민생활 속에서 '꾼'과 '장이'의 노릇이란, 생산적 노동과 적극적인 삶의 자세를 담고 있는 것이었다. 그들의 모습은 바로 우리 어머니, 아버지의 삶이며, 얼굴이고, 살갑고도 눈물겨운 주변부의 풍경인 것이다. 한갓 초막을 지어놓고 농사를 짓는 것이 중요하지 않을 수도 있다. 새끼를 꼬아 짚신을 만들고, 메를 두드려 낫 한 자루 만드는 것이 대단하지 않을 수도 있다. 그러나 그들이 사라지고 나면 더 이상 초막 농사꾼도, 짚신장이도, 대장장이도 우리 역사에서 영영 퇴장하고 마는 것이다.

예스러운 우리의 전통문화를 지켜간다고 해서 그것이 모두 진부하고 초라한 것은 아니다. 그 생활 속을 꼼꼼하게 들여다보면, 거기에서 조상 대대로의 얼과 삶의 지혜와 정형화되지 않은 우리의 근본을 발견하게 될 것이다. 문제는 시대가 시대인지라 그런 풍경들과 그런 사람들이 하나둘 사라져가고 있다는 점이다. 사라진다는 것, 그것은 어쩌면 그리워해야 한다는 의미일지 모른다. 그 '그리운 병'에 들기 전에 어떤 식으로든 그들의 삶을 한번쯤 보듬고, 껴안고 싶었다. 사실 거창한 역사유적이나 문화유산에는 친절한 안내문도 많고, 책도 많고, 그것을 찾아가는 사람도 많다. 하지만 무형의 이 생활풍속은 지금 만나지 않으면 영영 만날 수 없는 것들이 많다.

그러므로 그것을 기록해 둔다는 것이 다소 어깨가 무거운 일이 될 터이다.

물론 과거에 이와 비슷한 책들이 없었던 것은 아니다. 다만 아쉬운 점은 대부분의 책자가 잘 알려진 인간문화재급 또는 명인 등을 다룬 것이었고, 상대적으로 홀대받는 사람들을 기록한 책자라고 하더라도 그 사람의 다양한 삶의 모습을 담은 사진이 별로 실려 있지 않았다는 것이다. 그 아쉬움이 우리를 토종지기의 삶터로 내몰았다. 그리하여 그네들의 삶에 대한 이야기와 더불어 그 삶의 모습을 담은 여러 장의 사진을 얻을 수가 있었다. 우리가 이들 '토종지기'의 삶을 본격적으로 찾아나서기 시작한 것은 지난 1999년 4월쯤이다. 사진가 심병우 씨와 나는 2년여 동안 우리 땅 곳곳을 누비며, 참으로 많은 사람들을 만나 많은 이야기를 전해 들었다. 물론 우리가 만난 많은 사람들을 모두 책에 담아내지는 못했다.

사실 주변부에 있는 그네들을 일일이 찾아내 만나는 것조차 결코 쉬운 일은 아니었다. 심메마니의 경우 우리는 모두 10여 명을 만나보았고, 모두 네 번의 산행 끝에 '심'을 만나는 행운을 얻었다. 약초꾼, 석이꾼, 송이꾼, 석청꾼과 함께한 산행에서도 우리는 여러 번의 험난한 '산타기'를 거듭한 끝에야 소기의 목적을 이룰 수가 있었다. 또한 초막 농사꾼, 죽방렴 어부, 남사당 앞쇠, 짚풀장이, 베장이, 올챙이 국수장수를 만나러 갈 때는 모두 두 번 이상씩 찾아가 '귀찮은 손님' 노릇을 해야 했다. 어찌됐든 토종지기를 찾아 발품을 판 지 꼬박 2년 만에 책이 나오게 되었다.

이 급변하는 세상 속에서 우리만의 멋과 맛이 배어 있는 생활풍속과 그것을 보듬고 살아가는 사람들의 이야기를 이렇게 단편적으로나마 기록할 수 있었다는 것에 작은 의미를 두고 싶다. 그것도 세기말을 건너 세기초에 이르는 뜻깊은 시기에 그네들과 함께할 수 있었다는 것, 그것만으로 족하다는 생각이 든다. 다만 혹시라도 우리가 만난 그네들에게 조금이라도 누를 끼친 것은 아닌지 걱정이 앞선다. 아울러 귀찮은 손님을 마다않고 받아준 이 책의 주인공들에게 다시 한 번 감사드린다. 흔쾌히 책을 묶어준 실천문학사에도 고마움을 전한다.

이천일년 오월에

이응백

6

차 례

정성으로 구워내는 검은색 신비

김성필

숯장이

숯을 다 꺼낸 가마의 내부 모습. 아직도 벌겋게 달
아올라 반짝반짝 별 같은 재를 튀기고 있다.

영월에서 태백으로 이어진 31번 국도로 접어들자 희끗희끗 눈발이 날리기 시작한다. 그렇지 않아도 한 뼘씩 눈이 쌓인 들녘은 또다시 눈밭이 되어가고 있었다. 눈 덮인 강원도의 산과 들을 보고 있노라면, 어쩐지 아름답다는 생각에 앞서 애틋하다는 생각이 든다. 돌투성이 비탈밭에 드문드문 세워놓은 옥수수 가리들, 태백선 철길을 힘겹게 오르내리는 화물기차의 고함들, 낮은 지붕에 눈을 이고 조용히 저녁 연기를 피워올리는 집들, 높은 산그림자에 가려 빠르게 일몰이 들이닥치는 산마을들. 어쩌면 이 애틋함이 강원도의 아름다움인지도 모르겠다.

그런 애틋한 풍경 속을 달려 영월군 상동읍 덕구리에 도착했을 때는 이미 땅거미가 내려앉고 있었다. 시계를 보니 오후 4시였다. 강원도에 온 이상 2~3시간쯤 일찍 날이 저무는 것쯤은 감수해야 하는 것이다.

덕구리 중간쯤에 이르자 참나무를 잔뜩 쌓아놓은 원목 더미가 나타나더니 개울을 뒤로한 채 흰 연기를 피워올리는 숯가마가 보인다. 태백산 참숯가마. 3개의 재래식 가마가 나란히 붙어 있고, 가운데 가마에서는 벌겋게 가맛불이 타오르고 있는 중이었다. 이 숯가마의 주인은 김성필 씨(60)로, 30년 가까이 숯장이 노릇을 해온 사람이다.

"마침 잘 왔네요. 오늘 저녁에 숯을

숯가마에 불을 때고 있다. 보통 하루에서 하루 반 정도 불을 때면 가마 안에 있는 나무가 자체 발화하기 시작한다.

꺼내야 하는데, 자정쯤에나 끝날까 모르겠네." 이곳의 숯가마는 한 기의 면적이 2.5평 정도. 가마 내부의 온도를 균일하게 유지하기 위해 모양은 반원형으로 만들어져 있다. 간혹 다른 지역에서 나비 모양으로 생긴 나비가마를 볼 수 있는데, 나비가마는 숯을 많이 내는 것에 비해 품질이 떨어지는 것으로 알려져 있다. 보통 숯가마는 진흙과 화강암, 내아 벽돌로 이루어져 있으며, 처음에는 위쪽이 뚫려 있어 나무를 쌓은 뒤, 나중에 돔 모양으로 진흙을 쌓아올려 가마를 덮는다.

숯가마의 특이한 점은 연기가 빠지는 굴뚝이 가마의 아랫부분에 자리하고 있다는 것이다. 이것 또한 가마 내부의 온도를 균일하게 유지하기 위함이다. 이곳에 있는 숯가마의 내부 온도는 최고 섭씨 1300도 정도.

불을 땐 지 7일 만에 숯가마 아랫문을 열어젖히자 벌겋게 달아오른 숯덩이가 그 모습을 드러냈다.

기온이나 기압에 따라 완전한 숯이 되는 시기가 달라질 수 있는데, 여기에서는 하루나 하루 반 정도 밖에서 불을 때고 5~6일 만에 꺼낸다. 이렇게 해서 숯가마 하나에서 생산해내는 숯은 대략 드럼통으로 24~26드럼 정도. 김씨에 따르면 숯가마가 들어서기 좋은 자리는 맞바람이 불지 않는 곳이라야 한다. 바람이 들면 가맛불을 조절하기가 힘든 데다 생산성도 떨어진다는 것이다.

"나무를 까꿀루 세워야 하고, 최대한 밀착시켜 나무를 쌓아야 좋은 숯을 얻을 수 있어요." 숯 만드는 과정은 우선 질 좋은 나무를 구입해 가마 안에 차곡차곡 거꾸로 쌓고, 가마 문을 닫아 밀봉시키는 것으로 시작된다. 그런 다음 가마에 불을 붙이고 하루 정도 불을 때고 나면 가마 안에서 나무가 자체 발화를 시작한다. 이때 공기구멍을 통해 바람 조절을 잘 해야 질 좋은 숯을 얻을 수가 있다. 이렇게 가마 속에서 탄화의 과정을 6~7

가마문을 열자 마자 숯 꺼내기 작업이 시작된다. 길다란 쇠부지깽이를 넣어 꺼내고, 커다란 부삽으로 떠서 나른다.

일(가마에 따라 기간의 차이가 있다) 정도 거치고 나서 숯을 꺼내 하루 정도 식히면 완전한 숯이 완성되는 것이다.

때마침 숯가마에 도착한 첫날 밤 운 좋게 우리는 숯 꺼내는 작업을 볼 수 있었다. 작업은 저녁식사가 끝난 뒤 곧바로 시작되었다. 김씨가 가마 아랫문을 들어내는 순간, 벌겋게 달아오른 숯덩이가 보이기 시작한다. 한 인부가 길다란 쇠부지깽이로 가마 안에 있는 숯을 끄집어내자 다른 두 명의 인부가 커다란 부삽으로 숯을 날라 숯가마 옆쪽에 따로 마련된 드럼통을 채워간다. 그러면 또 다른 한 명의 인부는 숯을 퍼담기 좋게 드럼통을 기울여주거나 다 채운 드럼통을 새것으로 바꾸어놓는다.

　이곳과 달리 다른 지역에서는 드럼통 대신 재를 덮어 숯을 식히기도 하는데, 재를 덮어 숯을 식히는 방법이 좀더 고전적인 방법이라 할 수 있다. 영하 10도가 넘는 체감온도에도 불구하고 인부들의 얼굴에는 벌써 송글송글 땀방울이 맺혀 있다. 그도 그럴 것이 워낙에 숯가마의 내부가 뜨거운지라 근처에만 가도 살이 익을 지경인 데다 숯을 퍼담는 부삽의 무게도 아무나 쉽게 들지 못할 만큼 무겁기 때문이다. 저녁 5시 반에 시작한 숯나르기 작업은 자정이 가까워져서야 끝이 났다. 저녁식사시간을 제외하면 꼬박 6시간 정도의 시간이 걸린 셈이다.

김성필 씨가 부삽으로 벌겋게 달아오른 숯을 나르고 있다. 보통 저녁 무렵에 숯을 나르기 시작하면 자정이 다 되어서야 작업이 끝난다.

　보통 숯을 꺼낼 때 보면, 질 좋은 숯은 가마의 앞부분보다는 뒷부분에서 많이 나오는데, 이는 가마 앞부분에 있는 공기구멍 때문이라고 한다. 아무래도 바깥 공기와 많이 맞닿는 부분의 숯이 질이 떨어질 수밖에 없는 이치다.

　모름지기 숯을 구워내는 일은 한마디로 정성이다. 숯이란 게 아무리 급해도 서둘러서 될 일이 아니다.

　"숯은 기술이 아니라 정성이요. 정성을 게을리하면 숯은커녕 허무만 남지. 숯이 됐다 싶으면, 자다가도 뛰쳐나와야 돼." 김씨의 말이다.

　사실 숯이란 것이 불 관리를 잘못하면, 재만 남게 마련이다. 재를 남기지 않으려면 그만큼 정성스럽게 불 관리를 해야 한다는 것이다. 이런 어려

움으로 김씨의 아내 이영숙 씨는 "너무 고생스럽고 힘들어 도망가고 싶은 생각이 하루 열두 번도 더 들었다"고 한다. "처음에는 때꺼리도 없을 때가 많았어요." 그런 고생 끝에 이제는 '태백산 참숯가마' 하면 아는 사람들 사이에서는 '질 좋은 숯을 내는 곳' 이라는 평가를 받기에 이르렀다. 물론 그 모든 것이 하루아침에 이루어진 일은 아니다.

그가 처음 숯장이의 길로 들어선 것은 우습게도 번개탄 때문이었다고 한다.

"맨 첨에는 인제 숯을 할라 했던 게 아니고, 옛날에 번개탄 접착제가 밀가루풀인데, 그때 농림부에서 밀가루풀 말고 딴 풀로 대체하라 그래서 번개탄 접착제를 새로 개발해 보자 생각했어요. 그래 번개탄 생산량을 알아보기 위해 산림청에 물어보니, 목탄협회로 가라 그래요. 거기 가서 목

드럼통에 숯을 담고 있는 모습. 이 드럼통에서 하루 정도 숯을 식힌다.

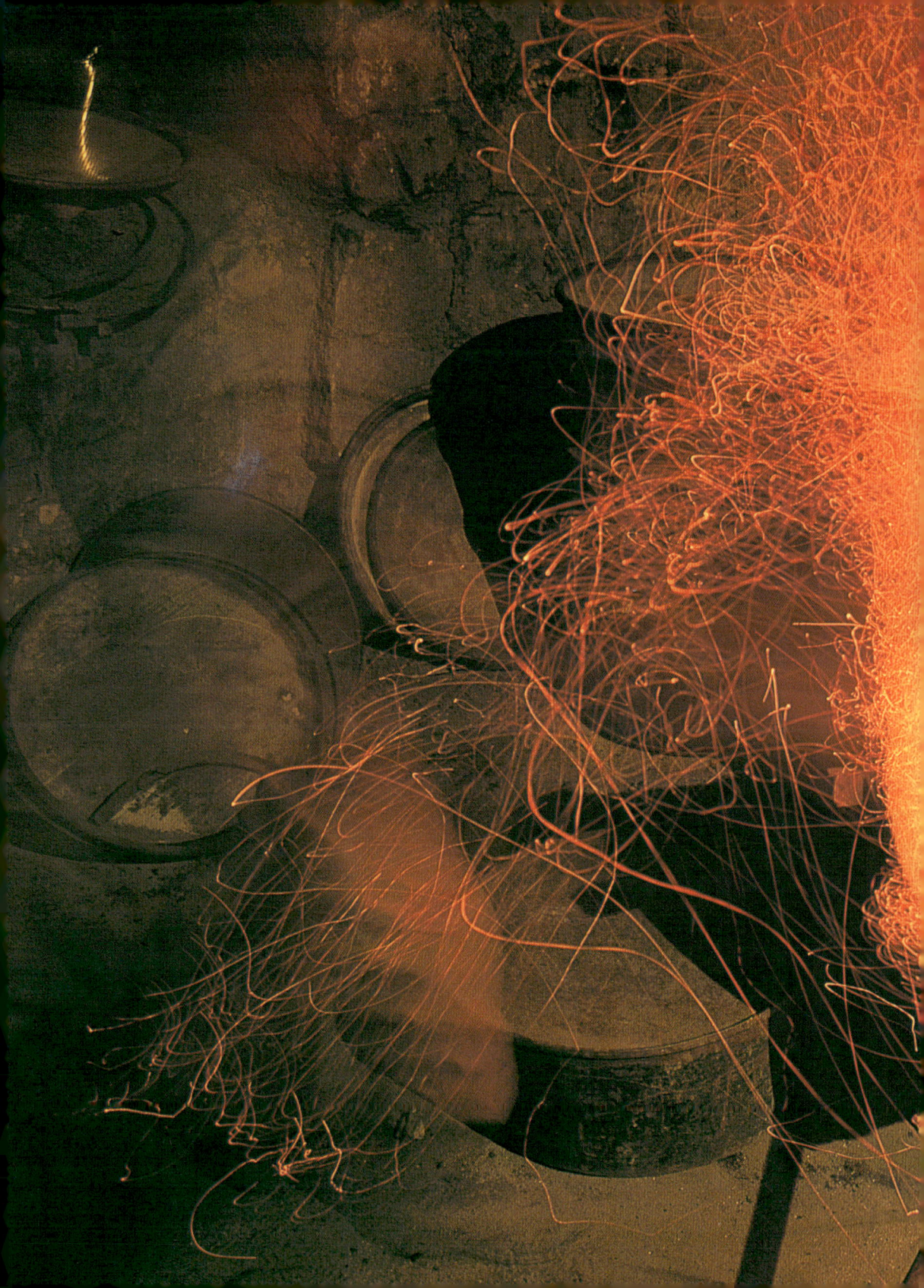

드럼통에 숯을 퍼담을 때 불꽃이 튀어오르는데,
그 모습이 불꽃놀이보다 더 볼 만하다.

탄협회장을 만났는데, 옆에 박스가 하나 있는 게, 가만 보니까 숯이야. 물어보니까 숯을 중국에서 수입해 온다는 거야. 그래 그 자리에서 그랬지. '내가 숯을 만들 테니, 목탄협회에서 좀 팔아주시오.' 그렇게 해서 숯을 만들기 시작했어요."

그러나 목탄협회에 자신있게 이야기를 하고는 나왔지만, 당장 숯을 만든다는 것은 막막한 일이었다. 더더욱 숯에 대한 책도 시중에 나와 있는 것이 없었다.

"그러다가 횡성에 숯가마가 있다는 거야. 가서 숯막을 보니까, 굴뚝이 까꿀루 내려와 있는 게 히야 멋있드라구. 근데 재래식 숯이란 게 굽는데 160시간이 걸린대. 내가 그때 펄떡펄떡 할 때니까 성이 찰 리가 없지. 이걸 빨리 구워낼 수 없을까 생각해서 첨에는 8시간 만에 숯을 만들어내는 숯가마를 만들었어. 근데 그렇게 생산은 했는데, 문제는 숯 도매상이 사지를 않는 거야. 그래서 생각을 했지. 서둘루지 말자, 양을 많이 내기 보다는 질이 좋은 숯을 만들자. 그래 다시 숯가마를 만든 게 지금 숯가마야."

처음 그가 숯가마를 한다고 하자 주변에서는 다들 '정신 나갔다'는 소리를 해댔다. 그리고 주변의 염려서럼 얼마 동안은 돈벌이 또한

숯가마 식구들. 이곳의 숯가마에는 3개의 가마가 있고, 너댓 명의 인부가 일하고 있다.

되지 않아 다른 부업에 손을 대야만 했다.

"황화수소라고 있어요. 하수도 냄새 제거하는 거. 처음에는 그걸 팔아서 생활을 유지하며 살았죠 뭐."

그러던 것이 점차 그가 내는 숯이 '질 좋은 참숯' 이라는 소문이 나면서 그는 비로소 숯장이로서 당당히 어깨를 펴게 되었다. 어쩌면 초창기의 실패가 그를 더욱 탄탄한 '숯장이'로 만들어준 것인지도 모르겠다.

이튿날 아침 다시 숯가마를 찾았을 때는 인부들은 보이지 않고, 김씨 부부만 숯가마를 지키고 있었다. 엊저녁에 비워낸 숯가마 안은 마치 사우나실처럼 아직도 뜨끈뜨끈 열기를 뿜어내고 있었다. 김씨에 따르면, 동네 노인들이 가끔 숯을 비워낸 가마에 와서 몸을 지지거나 땀을 내고 간다고 한다. 그렇게 하면, 온몸이 개운해져서 사우나를 한 것보다 훨씬 몸이 가벼워진다는 것이다. 일명 숯사우나인 셈인데, 김씨는 이에 착안해 앞으로 이 곳을 찾는 손님들에게도 숯사우나* 체험을 할 수 있도록 할 작정이다. 숯이 지닌 여러 효능을 생각해 보면, 꽤나 좋은 생각이다.

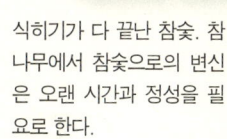

식히기가 다 끝난 참숯. 참나무에서 참숯으로의 변신은 오랜 시간과 정성을 필요로 한다.

사실상 숯가마에서 숯만 구워내던 때는 지났다. 다른 지역의 여러 숯가마에서도 그렇듯 이곳에서도 숯베개며 냉장고용 탈취제, 수반용 숯장식, 휴대폰 숯고리 등 다양한 숯제품을 만들어내고 있다. 물론 현장에서 시중보다 싼 가격으로 판매도 하고 있다. 현대에 와서 숯은 더 이상 땔감만은 아니다. 쓰임새가 매우 다양해서 앞에서 말한 숯베개, 냉장고 탈취제, 전자파 차단 휴대폰 고리, 수반용 숯장식 외에도 식용 숯가루, 숯비누, 숯팬

*숯가마 찜질은 일반적으로 신경통, 피부병, 견통, 산후통에 좋은 것으로 알려져 있다.

19

숯 중에서도 백탄은 강도가 단단해 다이아몬드 톱으로 잘라야 한다. 톱으로 자른 참숯의 단면 모양을 보면, 나뭇결이 고스란히 살아있는 것을 볼 수 있다.

티, 축포 및 폭약용, 숯종이, 숯다식, 숯장판 등 여러모로 이용되고 있다.

일반적으로 숯은 굽는 방법에 따라 백탄과 검탄으로 나뉘는데, 쉽게 말해 검탄은 저온에서 만들어진 숯이고, 백탄은 고온에서 만들어진 숯을 가리킨다. 검탄이 불이 다 꺼진 상태에서 검은 상태로 꺼내는 반면, 백탄은 발화가 끝나 발갛게 된 상태로 꺼낸다. 또 과학적으로는 검탄에 휘발성이 많고, 백탄은 전도성이 좋은 것으로 알려져 있다. 성질은 검탄이 산성에 가까운 반면 백탄은 알칼리성에 가깝다. 또한 강도에 있어서도 백탄은 두드리면 쇳소리가 날 정도이지만, 검탄은 두드리면 둔탁한 소리가 나거나 부서져버린다. 그런 이유로 백탄의 이용 가치가 더 높은 것으로 알려져 있다.

최근에는 산업용 소재로도 많이 이용되는데, 제철소 고로에 불을 붙일 때도 목탄이 사용되며, 과거 미국에서 스텔스기를 만들 때도 일본에서 엄청난 양의 백탄을 가져갔다고 한다. 이는 전자파 실험에서 백탄이 전자파를 흡수한다는 연구 결과와 무관하지 않은 것이다.

중국에서는 1972년 하남성 장사시 마왕퇴 고분에서 2100년 전의 미라가 발굴되었는데, 미라의 주인공은 54세의 여자였다고 한다. 특이한 것은 마치 시체가 며칠 전에 죽은 것처럼 말짱했다고 하며, 창자 속에서 기생충과 함께 150여 개에 이르는 오이씨가 고스란히 발견된 점이다. 더욱 특이한 점은 그 오이씨를 흙에 옮겨 심자 거짓말처럼 대부분 싹이 트더라는 것이다. 알고 보니 무덤 주변에 약 5톤 정도의 숯이 쌓여 있었다고 한다.

숯이 공기를 정화시키고, 음이온을 지니고 있을 뿐만 아니라 전자파를 흡수시키며, 습도를 조절하고, 토양 개량 효과 및 탈취 기능이 있다는 것은 많이 알려진 바이지만, 아직도 알려지지 않은 숯의 신비가 더 있었던 셈이다. 그것은 바로 주변의 자장을 강하게 하여 어떤 물질이나 생명체가 존재할 수 있는 최고의 자장을 형성시킨다는 점이다.

사실 우리 나라 숯문화는 예부터 공장처럼 운영하는 대형 숯가마 문화라기보다는 동네마다 한두 기씩 숯가마를 두고 거기서 나오는 목초액을 땅에 뿌려 농사를 짓는 그런 것이었다. 혹은 산을 돌아다니다 나무가 많은 곳에다 막을 치고 가마를 만들어 숯을 만들다가 나무가 바닥이 나면 자리를 옮겨 다시 막을 치고, 가마를 만드는 일을 반복하는 그런 숯문화였다.

이렇게 만든 숯으로 우리 조상들은 석굴암의 습도 조절이나 팔만대장

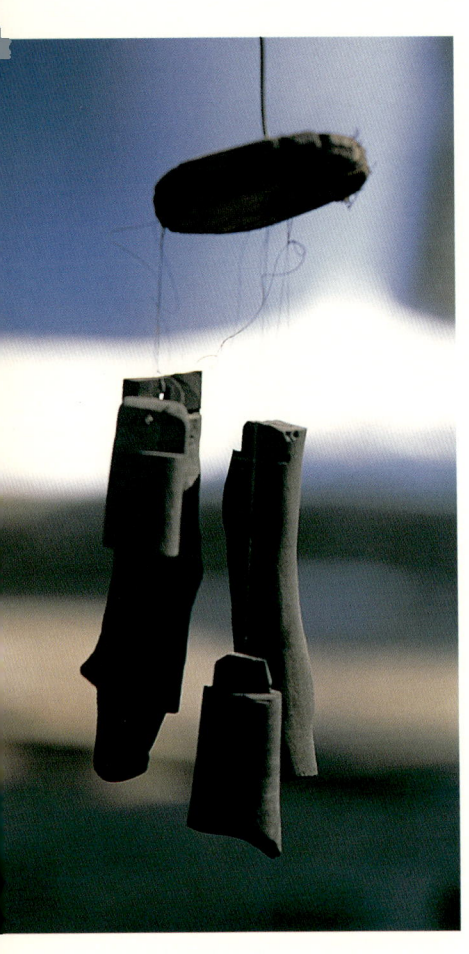

숯으로 만든 모빌. 강도가
센 탓인지 부딪히면 맑은
쇳소리가 난다.

경 보관에서부터 아기를 낳았을 때 금줄을 치거나 장을
담글 때, 약용은 물론 묘지에까지 숯을 사용했다. 신라
시대 때만 해도 대부분의 집에서 숯을 사용해 밥을 해
먹을 정도로 우리 나라는 숯이 보편화되어 있었던 나라
였다. 그러나 지금은 어찌된 일인지 숯 사용량의 90퍼
센트 정도를 수입숯에 의존하고 있다.

하긴 중국에서는 숯가마에 쓰이는 나무값이 우리 나
라의 10분의 1, 인건비가 50분의 1이라고 하니, 가격
에서 수입숯을 이길 수는 없다. 문제는 품질이다. 김성
필 씨가 생산하는 백탄은 이미 질 좋기로 소문이 난 상
태여서 지난 1988년 올림픽 때 사용한 축포용 숯도 이
곳에서 만들었다고 한다. 강도에서도 그가 만드는 숯은
알아주는 편이어서 숯을 자를 때 다이아몬드 톱으로 잘
라야 할 정도로 단단하다고 한다. "이게 금속 자르는 것
보다 더 힘들어요."

그러나 숯에 대한 일반인의 관심은 그저 그런 흔한
연료라는 차원에 머물러 있다. 최근 매스컴의 영향으로
한동안 '숯바람' 이 불긴 했지만, 이 또한 일시적인 유행에 그치고 말았
다. 숯장이 김성필 씨가 아쉬워하는 점도 바로 그 부분이다. 숯의 효능에
대해 사람들이 너무 모르고 있다는 점. 그래서 그는 스스로 숯에 대한 상
식을 풍부히 하기 위해 숯장이로서는 드물게 외국 서적까지 들춰가며 숯
공부를 하고 있다. 또한 지역 내에서 지역민을 상대로 한 '숯 상의 도 마
다하지 않는다. 숯가마 앞에서뿐만이 아니라 숯가마 밖에서까지 숯장이

의 길을 걸어가고 있는 것이다.

|기행수첩|

숯가마가 있는 덕구리로 가려면 영동고속도로를 타고 가다 만종 분기점에서 중앙고속도로로 바꿔탄 뒤, 서제천 인터체인지로 나와 38번 국도를 이용해 제천과 영월을 지나 신동면 못 미쳐 태백으로 이어진 31번 국도로 우회전, 녹전과 구름재를 넘어가면 오른편으로 덕구리 들어가는 마을길이 나온다. 마을로 들어서면 얼마 가지 않아 길 옆에 서 있는 숯가마가 보인다. 우리 나라에서 숯가마를 볼 수 있는 곳은 영월의 덕구리를 비롯해 횡성군 갑천면 포동리(재래 숯가마 12기가 몰려 있다), 원주시 소천면, 충북 제천시 박달재, 충주시 금가면 월상리, 전남 장성군 북이면 등에서도 볼 수 있다.

● 김성필(60, 강원도 영월군 상동읍 덕구리, 033-378-3037)

목초액, 내성을 길러 주는 환경친화 물질

　숯을 구울 때 가마에서 나오는 연기를 잡아 만드는 목초액은 당뇨와 혈압, 항암효과가 있어 음료와 제약으로 쓰이거나 농약이나 비료 대신 쓰이기도 하며, 콩나물 재배에 이용되기도 한다. 실제로 목초액을 이용하여 콩나물을 재배한 한 콩나물공장에서는 굉장한 성과를 거두었다고 한다.

　목초액에 살충력이나 살균력이 있다기보다는 식물의 내성을 길러 준다고 보아야 한다. 실제로 목초액을 뿌린 곡식이나 채소는 씨알이 굵고, 병도 안 생기는 것으로 알려져 있으며, 과일에 목초액을 치면 당도가 훨씬 높아진다고 한다. 비료와 농약이 '땅심'을 빼앗아가는 부작용이 있는 반면, 목초액(비료에 비해 가격도 싼 편이다)은 '땅심'을 오히려 북돋아 주는 효과가 있는 환경친화물질인 것이다.

목초액은 숯을 구울 때 나는 연기를 잡아 얻어낸다.

24

일곱 번 화덕에서 달구고,
천 번을 두드려야 낫이 된다

조수익

대장장이

곡성 장터 한복판에 자리잡은 대장간 전경.

*문순태는 『숨어사는 외톨박이』(뿌리깊은나무, 1977)「화순 장터의 큰 대장과 작은 대장」에서 야장에 대해 이렇게 쓰고 있다. "야장은 조선 왕조 초기에 고려시대의 사찰 노비를 관노비로 편입시켜 기술을 배우게 하여 장인 족보에 올림으로써 생겨났다. 족보에 오른 야장인들은 나라에는

쩌엉쩡 쩌엉 쩌엉 쩡. 어디선가 쇠 두드리는 소리가 들려온다. 전남 곡성 장터에 난데없이 메질 소리가 난다 싶어 소리를 따라가 보기로 한다. 드디어 메질 소리 뒤를 밟아 찾아낸 곳은 시장 한복판에 터를 잡은 대장간이 아닌가. 눈을 씻고 다시 봐도 틀림없는 대장간이다. 대장간의 주인은 자그마한 키에 땅땅한 체구를 지닌 예순한 살의 조수익 씨. 44년째 대장간에서 잔뼈가 굵었다고 한다. 그의 곁에는 아내 황정숙 씨(56)가 메잡이 남편을 도와 집게잡이를 하고 있었다.

여기저기 쌓여 있는 쇳덩이와 쇳조각들, 한가운데 자리를 차지한 커다란 모룻돌, 화덕에서는 발갛게 갈탄이 타고 있고, 이따금 단골 손님이 낫이나 부엌칼 따위를 갈러 오면 대장장이(옛날에는 딱쇠, 야장* 이라고도 했다)가 스윽슥 스윽슥 숫돌에 날을 버리어 주는 모습이 오래 전 시골 장

터에서나 보던 대장간 풍경 그대로였다. 조수익 씨가 이곳에 대장간을 연 것은 1971년. 본래 그의 고향은 순천으로, 1959년부터 대장간 막일을 하다가 군대를 제대하고 곡성에 와서 본격적으로 대장간을 시작하게 된 것이다.

"그띠는 다 어려운 시절이었잖아요. 학교도 못 가고, 밥도 잘 못 먹구. 그러니까 59년도에 부친께서 철도국을 대니다가 돌아가싰어요. 그 전에 목수일을 7개월 하다가 먹고살자면 기술을 배워야 허니께, 그띤 농기구 연장이 잘 팔렸단 말요. 그래 대장간 일을 배우기로 헌 거죠 뭐. 대장 간이라는 게 그 전에는 종업원을 두고있는디, 할 만하면 종업원이 나가 불고, 힘들어가꼬 다들 배우려고덜 안히요. 와서 요렇게 해달라 하문 그 렇게 해줘야 허니께 쉽지가 않어요."

하지만 배운 게 대장간일이라서, 또 열심히만 하면 잘될 것도 같아서 그 는 대장장이의 길을 버리지 못했다. 물론 고생길이 열린 것도 그때부터다.

"옛날에는 대장간도 허가가 있이야 해요. 그래 다른 대장간에서 나를 내쫓을라고 텃세를 헌 적도 있어요. 시장에를 아예 못 들어오게 힜어요. 그띠 시장에 대장간이 네 군데였는디, 그래도 들어와 허니께 파출소에 고 발해 순사덜이 나오고, 우리는 순천에서 여 와가꼬 여그 사람이 아니다 이거지요. 그래도 인연이 묘헌 게, 군대에서 만난 사람이 여기 사람이요. 그 사람도 대장장인데, 이래요. 그러지 말고 여 와 독립해서 해라. 그래 서 돈 5만 원 가지고 여 와서 시작했어요."

아내 황씨의 결혼반지를 팔아 보탠 5만 원을 가지고 곡성 땅을 밟은 그 는 우선 2만 5천 원을 주고 광주에서 쇠를 두들길 때 받침대 노릇을 하는 모룻돌을 사왔다. 시장통에 가게를 얻느라 1만 3천 원이 들었고, 나머지

장세를 바쳐야 하고 상전에 게는 신공을 바쳐야 하는 무거운 의무를 지고 살아왔 다. 『경국대전』의 공장조에 따르면 조선시대 초에 족보 에 오른 서울의 야장은 모 두 192명으로서 소격서, 선공감, 교서관, 군기사, 상 의원, 공조 들에 소속 되어 무기와 귀족들의 생활용품 들을 만들었다. 또 지방의 야장은 458명으로서 이들 은 감영, 병영, 수영, 군, 현 에 배치되어 무기와 농기구 를 만들었다. 야장은 다시 유철장, 주철장, 수철장으 로 나뉘었다. 수철장은 대 로야, 중로야, 소로야로 구 분되는데, 대로야는 스무 명쯤의 야장을 거느린 관설 수공업장이고, 중로야는 열 다섯 명쯤을, 소로야는 열 네 명쯤을 거느린 작업장이 었다. 이들은 조선 왕조 말 에 족보가 없어짐에 따라 저마다 관청에서 떠나 시골 시장에 사설 야장, 이른바 대장간을 만들고 주로 농기 구를 만들어 팔았다."(12 쪽)

는 남원에 가서 4천 원에 풀무를 맞춰왔다. 그리고 개탄도 4백 원 주고 사왔다. 남은 돈 7천6백 원은 쇳값으로 남겨놓았다. 그때 일을 생각하면 어떻게 견뎠는지 모르겠다고 그의 아내는 말한다.

"손님이 오면 손님 세워놓고 고물상 가서 쇠 사와서 허고, 개탄 떨어지면 애기를 등에 업고 남원까지 가 탄을 사서 버스로 실어날렀어요. 그띠는 셋방 살았는디, 낫 한 가락에 1백50원 할 띠요. 우리 애기덜도 고상마이 했소. 용돈 하나 안쓰고, 큰아들이 그띠 광주로 학교 대녔는디, 하루 1천 원을 주면 차비 냉기면서 대니고. 하이고, 우리가 첫날 장에 3백 원을 냉기고, 니어까 끌고서 집으로 들어가는디 기맥히듬마요. 처음에 둘이 일꾼도 안 두고 참 억척으로 했어요. 초창기엔 하루 만 원, 2만 원 그맀어요."

낫이 1백50원, 호미와 부엌칼이 20~30원, 작두가 1천5백 원 하던 시절의 이야기란다. 그후 조씨의 대장간이 알려지기 시작한 것은 문을 연 지 2~3년이 지나서라고 한다.

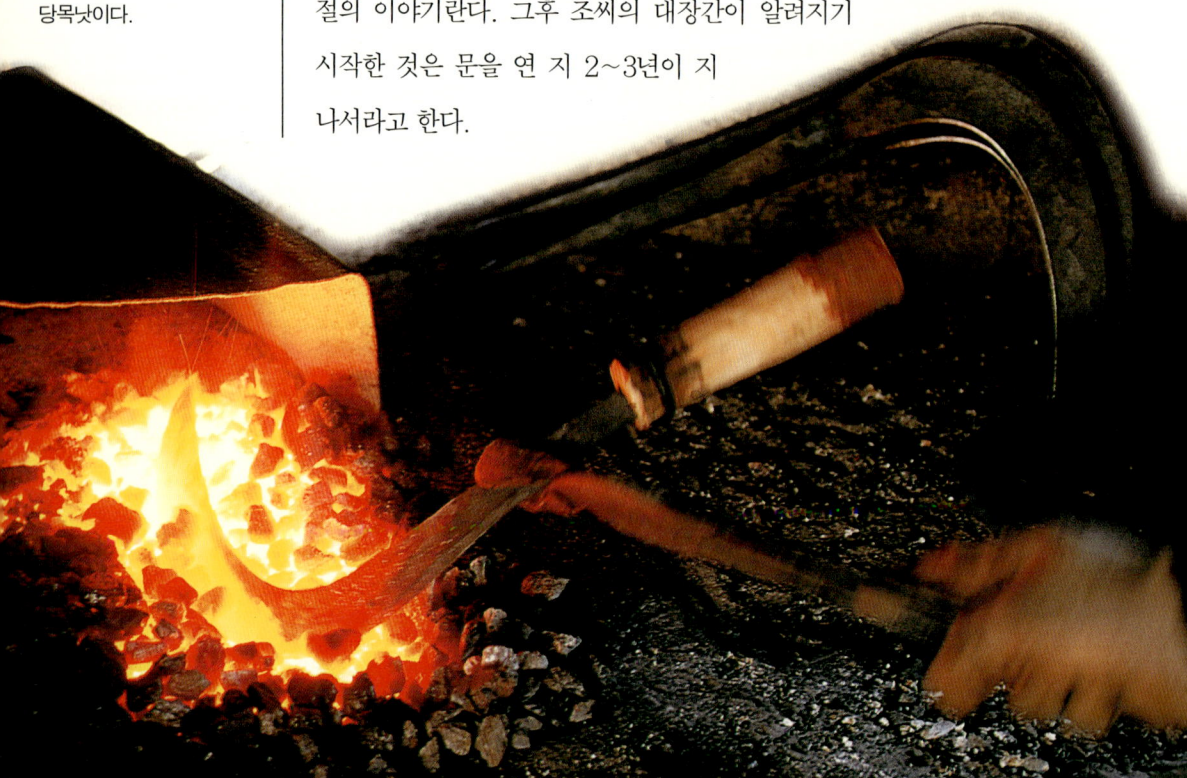

당목낫을 화덕에 넣어 달구고 있다. 그를 아직까지 대장간 일을 하게 만든 것이 당목낫이다.

부엌칼을 화덕에 넣어 달구고 있다. 이 때 불 조절을 잘 해야 강도가 센 쇠가 나온다.

"낫을 하룻장에 210가락씩 팔고 그랬어요. 요시는 하룻장에 낫 열 가락도 팔기가 힘들어요."

조씨의 대장간을 유명하게 만든 것은 바로 당목낫. 오늘날까지 이 대장간을 있게 한 것도 어쩌면 당목낫 덕택일지 모른다. 그가 만든 당목낫은 워낙에 쇠가 단단해 한번 날을 세우면 여간해서는 이가 빠지지 않고, 잘 부러지지도 않는다. 그래서 곡성뿐만 아니라 군산이나 옥구, 구례, 광주는 물론 경남 산청과 하동에까지 팔려나갔다고 한다.

"잘 나갈 띠는 이 당목낫을 하루 120가락씩 만들었어요. 지금은 많이 헐 때 50~60가락 헐까. 이게 서울에서 재료 사다 허는 건데 딴사람은

못해 부러요. 재단도 잘해야 되고, 그게 아주 애려워요. 고걸 가지고 손님을 많이 잡아뿐게, 소문이 막 난 거요. 한창 잘 나갈 띠는 작두도 하루 30개썩 맨들고 그렸어요."

한창 잘 나가던 시절에 하루에만도 당목낫을 120자루를 만들었다고 한다. 보통 당목낫이 모양새를 갖추자면 일곱 번 이상 화덕에 들어가 불구덩이 신세를 져야 하고, 한 번 들어갔다 나온 낫가락은 백 번 이상 망치를 맞아야 비로소 '쓸모 있는' 낫이 된다고 하니, 낫 한 자루에 약 천 번 정도의 망치질이 필요하다는 얘기다. 그렇다면 당목낫을 만들기 위해 하루 10만 번이 넘는 망치질을 했다는 결론이다.

이렇게 유명해진 당목낫의 비결은 두말할 것 없이 쇠에 있다. "이게 육이오 때 나온 거 전쟁할 때 통신대대에서 쓰던 따블선통 있죠, 왜. 그 쇠가 그래 좋아요. 이 쇠 쓰는 사람 나밖에 없을 거요. 그걸로 칼도 만드는데, 아직덜 많이 사가요."

그러나 재료만 좋다고 해서 좋은 물건이 나오는 것만은 아니다. 쇠에 대해서 알고, 담금질도 잘해야 좋은 물건으로 거듭나는 것이다.

조씨가 메질을 하는 동안 그의 아내 황씨가 집게잡이 노릇을 하고 있다. 아래 사진은 조씨가 당목낫을 만들기 위해 벌겋게 달아오른 쇠를 망치로 두들기는 모습.

"20~30년은 배워야 쇠에 대해서 알아요. 30년 넘어서면 저건 뭔 쇠다, 감이 오는 거죠. 옛날에는 경부선 철가락 같은 거, 전라선 깔어진 거, 그걸 갖다 낫도 허구 도끼도 허면 그렇게 좋았어요. 망치도 나는 폐차장 포크레인에서 나오는 핀 있죠, 그걸 써요. 열처리(담금질) 잘해 놓으면 안 우그러져요. 이 대장간 일이라는 게 쇠를 잘 선택해야 해요. 쇠라는

30

거이 아주 예민해서, 온도 벤화도 심해요. 겨울이면 겁나게 추위를 많이 타요. 그래 겨울에 쇠를 마이 잘라봐요. 열처리할 띠도 봄에는 조금 무르게 허고, 여름엔 조금 시게 허고, 겨울에는 강도를 약하게 해요. 쇠라는 게 눈으로 보믄 같애도 열처리해 불믄 틀린 벱이요. 그러니까 이게 애려운 거요. 쇠를 달굴 때도 저 화덕이요, 용광로맹키로 1200도가 넘어부러요. 쇠를 달굴 때도 쇠에 따라서 달구는 정도가 틀리요. 그것도 기술이요."

  재래식 대장간이라고 해서 눈대중으로 대충대충 만들어내는 것이 아닌 것이다. 쇠를 선택하는 일, 풀무(쇠를 달구기 위해 화덕에 불을 피울 때 쓰이던 도구로, 손풀무와 발풀무가 있었다)를 조절해 불의 온도를 맞추는 일, 메질과 망치질, 쇠의 강도를 결정하는 담금질이 모두 제대로 되어

부엌칼을 모룻돌에 올려놓고 두들기고 있다.

달구기와 메질을 어느 정도 끝낸 도끼에 날을 세우기 위해 절단기로 끝을 자르고 있다.

야지만, 제대로 된 물건이 나오는 법이다.

　옛날에는 대장간에 풀무와 화덕을 비롯해 모루(메질을 할 때 연장을 얹어놓고 두드리게 만든 대, 주철로 만들어졌다), 메(모룻돌에 연장을 얹어놓고 두드릴 때 쓰는 도구로, 망치보다는 조금 더 크게 만들어졌다), 망치, 집게 등의 연장이 모두 갖춰져 있었다. 그때는 순전히 풀무로 바람을 일으켜 화덕불을 피워 쇠를 달군 뒤, 메질(혹은 망치질)과 담금질만으로 낫이며 망치, 호미, 곡괭이, 칼, 쇠스랑, 도끼, 작두, 장도리, 보습 등을 만들어냈다. 그러나 예전에 쓰이던 손풀무는 오래 전에 이미 전기 풀무로 대체되었다. 풀무를 쓰려면 고정적으로 풀무질하는 사람이 있어야 하는데, 사람도 사람이거니와 풀무질하는 시간이 만만치 않았다. 손풀무가 사라진 것은 바로 그 때문이다.

　아다시피 대장간 일의 시작은 쇠를 고르는 일로부터 시작된다. 쇠를 고를 때는 우선 눈으로 보아 강쇠인지 무른 쇠인지를 보고, 불에 넣었다가 두드려보거나 열처리를 해본다. 쇠를 고르고 나면 쇠의 종류에 따라 연장을 만드는데, 이곳에서는 '따블선통'으로는 낫과 칼을 만들고, 기차 레일로는 망치나 도끼 등을 만든다고 한다. 본격적으로 연장을 만드는 일은 화덕에 쇠를 달구는 일로부터 시작하여 메질과 망치질을 거쳐 담금질을 하는데, 가장 중요한 과정은 역시 담금질이라 할 수 있다. 아무리 강한 쇠도 담금질(쇠를 급랭시키는 방법으로, 물속에 담그는 것이 보통이며, 쇠의 종류에 따라 냉각의 속도나 시간이 달라진다)에 실패하면 무른 쇠와 별반 다를 게 없기 때문이다. 이렇게 담금질이 끝난 연장을 숫돌에 갈아내면 일단 모든 과정은 끝나게 된다.

가장 중요한 공정인 담금질을 하기 위해 당목낫을 물에 갖다대고 있다.

본래 옛날에는 대장간에 최소한 풀무잡이와 집게잡이, 메잡이 등 3명이 필요했었다. 풀무질을 어느 정도 익히면 메질을 하는 메잡이가 될 수 있었고, 그 다음이 집게잡이였다. 집게잡이는 메잡이가 메를 들고 내리칠 때 벌겋게 달구어진 쇠를 집게로 잡아 이리저리 돌리며 골고루 메질이 돌아가게 하는 노릇을 한다. 오랜 경험과 기술 없이는 집게잡이 노릇이 어림도 없는 일이다.

"이게 옛날에는 상놈 일이요. 어디 그띠는 대장장이 알아주기나 했깐요. 요즘에야 워낙 없어논게 귀헌 대접 받지."

조씨에 따르면, 70년대 말부터 서서히 수요가 줄더니 80년대 중반부터 급격히 대장간을 찾는 사람이 줄어들었다고 한다. 이른바 농촌에서도 기계화 바람이 불기 시작하면서 대장간도 내리막길로 접어든 것이다. 한창 바쁠 때면 둘 중에 하나가 아파도 바빠서 아파할 틈도 없던 시절이 꿈결처럼 저문 것이다.

"농촌 인구가 줄어들다 보니께 노인네덜만 있으니, 누가 나무를 허겠어요, 밭을 갈겠어요. 그래서 요즘엔 푸라스틱도 갖다 팔고 그래요. 그래야 우리도 먹고살죠."

60~70년대까지만 해도 곡성에는 무려 일곱 군데의 대장간이 있었다고 한다. 그러나 이제 곡성에는 대장간이 단 하나밖에 남지 않았다. 아니 전국을 따져보아도 이런 재래식 대장간은 손에 꼽을 만큼 찾아보기기 힘들다. 그가 오늘날까지 대장간을 지켜온 것 또한 그만큼 어려웠을 것이

다. 남이 알아주지 않는 대장간일지언정 남보다 바지런했기 때문에 가능했던 일이다.

　모름지기 대장장이는 부지런을 떨어야 한다. 그래서 그는 요즘에도 새벽 다섯시 반이면 집을 나선다. 특별한 일이 있지 않고서는 40년 넘게 해온 일이다. 그가 대장장이로 있는 한 앞으로도 그럴 것이다. 만일 끝자리가 3일, 8일로 끝나는 날에 곡성 5일장을 들르게 된다면, 꼭 한번 조씨의 대장간을 만나보기 바란다. 옛 모습 그대로의 대장간을 만나는 반가움과 더불어 정말로 값지게 땀흘리는 부창부수 대장장이의 살가운 모습에서 '진한 삶의 냄새'를 맡아볼 수 있을 것이다.

오늘날까지 조수익 씨를 대장장이로 있게 한 것은 사진 속의 이 당목낫 때문이다.

┃기행수첩┃

　곡성에 가려면 호남고속도로를 타고 오다가 전주에서 27번 국도로 바꿔 탄 뒤, 순창과 옥과를 지나면 된다. 기차는 서울에서 새마을호 2회(4시간 소요), 무궁화호 5회(4시간 30분), 통일호가 4회(5시간) 운행되며, 직행버스는 광주나 순천, 남원과 곡성에서 수시로 있다. 조수익 씨네 대장간은 장옥이 들어선 읍내 하천가에 위치해 있는데, 간판은 '수만철공소'로 되어 있다. 곡성 5일장은 끝자리가 3일, 8일인 날

35

에 열리는 장으로, 시골 장터의 모습이 제대
로 살아 있는 장이다. 잡화와 어물전, 싸전
은 물론이고, 튀밥전과 나물전 등도 볼 만하
다. 또한 장터에서는 톱장이도 만날 수 있
고, 키나 수수빗자루, 동고리 등 반가운 옛
물건도 만나볼 수가 있다. 먹을 데와 잘 데
는 곡성 읍내에서 해결한다.

● 조수익(61, 전남 곡성군 곡성읍 학정리
485, 061-363-3122, 대장간: 곡성읍 읍내리
130, 061-363-4882)

조씨가 만든 대장간 물건들.
곡괭이, 낫, 도끼, 칼, 창.

으뜸 손솜씨로 꽃방석을 맨다

방금선

왕골장이

천연염료로 염색한 왕골.
이것이 꽃방석과 소품의 재
료가 된다.

볼 것 많은 강화도에서도 풍물시장이나 토산품 판매장에서 흔히 만나는 것이 있다. 여기가 강화도라는 생각이 들게 하는 것, 바로 꽃돗자리(화문석)를 비롯한 왕골(莞草) 공예품이 그것이다. 이 왕골로 강화 사람들은 예부터 꽃돗자리와 꽃방석을 비롯해 꽃삼합, 반짇고리, 동고리, 멧방석, 사주함과 같은 갖가지 생활 소품을 만들어왔다. 본래 꽃방석을 비롯한 왕골 소품은 교동이라는 섬 일대에서 겨울철 부업의 하나로 만들어오던 것인데, 섬에 살던 사람들이 하나둘 강화 본섬에 나와 살게 되면서 강화도 전체로 퍼져나갔다.

하점면 신봉리에서 만난 방금선 씨(66)도 바로 교동에서 본섬으로 왕골 매는 솜씨를 퍼뜨린 장본인. 본섬에 나온 뒤로 이제껏 50여 년 넘게 왕골을 만지면서 꽃방석을 비롯한 여러 소품을 만들어오고 있다. 특히 그의 방석 매는 솜씨는 하점면뿐 아니라 강화에서도 으뜸이라 할 만한데, 그 솜씨를 배우러 다른 지역의 사람들마저 심심찮게 찾아올 정도다. 물론 얼마 전까지만 해도 귀찮을 정도로 사람들이 찾아왔으나, 이제는 그 발길이 조금은 뜸한 상태라고 한다.

현재 강화에서는 송해면과 교동, 하점면에서 주로 왕골제품을 만들어내고 있다. 그러나 마을마다 만들어내는 제품이 약간씩 달라 송해면에서는 꽃돗자리를, 교동에서는 꽃삼합을 비롯해 꽃방석과 소품을, 하점면에서는 꽃방석을 많이 낸다. 보통 강화도 하면, 화문석을 떠올리게 되지만, 오늘날 한줄 한줄 고드랫돌을 넘겨 손으로 정성스럽게 짠 꽃돗자리를 만나기란 그리 쉽지가 않다. 고드랫돌 대신 돗자리를 짜는 기계가 생겨나 간편하게 돗자리를 생산해내는 곳이 대부분이기 때문이다.

왕골로 꽃방석을 짜려면 먼저 둥그렇게 말린 왕골을 편 후, 몇 가닥으로 잘라주어야 한다.

몇 가닥으로 자른 왕골은 갈구락지에 걸어 새끼를 꼬듯 먼저 노를 꼰다.

하긴 꽃돗자리 하나를 짜는데 그 자잘한 손길만도 60만 번 이상이 필요하고, 가로 여섯 자, 세로 아홉 자짜리 돗자리 하나를 짜는 데도 솜씨 좋은 사람이 악착같이 달라붙어 짠다 해도 보름이 걸린다고 하니, 누가 온전히 돗자리에만 매달릴 수 있겠는가. 그러나 여전히 꽃삼합과 꽃방석을 비롯한 여러 소품들은 처음부터 마지막까지 전혀 기계의 힘을 빌리지 않고 옛날 방식 그대로, 오로지 손으로 다 짜내야 한다. 크기가 별로 크지 않은 데다 워낙에 손끝의 섬세함을 필요로 하기 때문이다.

꽃삼합과 더불어 순전히 손으로만 짜내는 꽃방석은 본래 교동면 읍내리가 본고장으로, 왕골을 재료로 쓰기 전에는 참골풀을 많이 썼다고 한다. 돗자리 또한 교동에서는 참골풀을 많이 썼는데, 송해면 쪽의 꽃돗자리가 왕골을 엮어가며 색왕골을 넣어 무늬를 놓는 것이라면, 교동에서는 가마니를 치듯 참골풀을 바디로 다지면서, 물들인 골풀로 수를 놓듯 무늬를 놓아 돗자리를 만들었다. 이렇게 만든 것을 교동에서는 따로 '등매'라 불렀으며, 옛날 나라에 올리는 진상품으로 오랫동안 전승되어 왔다. 그러나 해방 이후 재료를 구하기 어렵게 되면서 이 '등매'도 점차 자취를 감추고 말았다. 아울러 참골풀로 만든 꽃방석도 등매의 운명을 고스란히 되밟았다. 다만 구하기 어려운 참골풀 대신 왕골로 만든 꽃방석과 소품들이 교동의 새로운 특산물로 자리잡았다.

"옛날에는 곡석을 못해 먹으니까 자식덜 다 교육시키느라 집집마다 방석을 했어요. 교동 읍내리에 있는 집 치고 방석 안한 집이 없었어요. 그때는 방석 해놓으면 선불을 주고 장사가 와서 가져다 뒤를 막아 팔 정도였어요. 방석은 이 뒤 막는 게 엄청 힘든 일이거든요. 근데도 장사끼리 서로 가져갈라고 난리였어요."

방금선 씨의 옛 기억이다. 방씨는 본래 교동에서 나고 자라 하점면으로 시집을 왔는데, 열세 살 때부터 어깨 너머로 일을 배워 꽃방석을 만들기 시작했다고 한다. 꽃방석을 만든 지 어언 50년이 넘은 셈이다.

날줄엮기를 하고 있는 모습. 날을 추가해 가면서 바닥을 만들고, 크기가 어느 정도 되면 올을 하나 더 추가해 돌려준다.

방금선 씨에 따르면, 요새는 겨울 한철 농한기 때만 방석
을 짜는데, 겨우내 열다섯 장 정도 짠다고 한다.

"시집을 와서 보니까 시댁에서는 무명을 짜시드라구. 츠음에는 그거 거들다가 4년 후, 따로 나가 살면서 다시 방석을 하기 시작했죠. 큰딸이 지금 마흔네 살인데, 2남 2녀 우리 애들 다 이거 해서 가르쳤어요."

처음 방씨가 하점면 신봉리에 왔을 때, 마을에서는 방석을 하는 집이 한 집도 없었다. 그러나 그가 방석 매는 솜씨를 퍼뜨리면서 신봉리는 한 때 집집마다 방석 안하는 집이 없을 정도였고, 장사치가 오면 마을에서 한 달에 몇백 장씩 가져갈 때도 있었다고 한다.

"근데 지금은 마을에서 방석 하는 사람이 거의 없어요. 그때는 진짜 아주 밤을 새두 일이 딸렸어요. 지끔은 하는 사람도 별로 없고, 방석이 싼 거는 좀 나가는데, 고급은 잘 안 나가요."

그에 따르면 시중에서 흔히 팔리는, 크기가 작고 날도 성기게 만든 것에 비해 방씨가 만드는 방석은 가격이 열 배 이상 비싸다고 한다. 그만큼 정성을 들여 옹골차게 만든다는 얘기다. 보통 그가 만드는 방석은 100날을 넣어 만드는 것은 3~4일, 155날짜리는 보름 가까이 걸린단다.

일반적으로 꽃방석을 만드는 순서는 이렇다. 우선 말린 왕골을 찬물에 축여 10여 분 동안 두었다가 그것을 가늘게 째서 새끼 꼬듯 먼저 노를 만들어 놓는다. '노'라는 것은 왕골을 꼬아 만든 실을 가리키는 말이다. 이것을 가지고 처음 여덟 날줄로

그가 만든 꽃방석들. 그는 둥근 꽃방석보다 네모난 꽃방석을 더 많이 만든다.

*꽃방석과 달리 꽃삼합은 바닥에 삼베를 붙여주는 과정과 운두를 올릴 때 조밀하게 짜 올림으로써 부드러운 곡선을 주는 것이 중요하다. 바닥을 만들 때는 먼저 네 개의 왕골을 고무레 모양으로 접어 여덟 개의 날을 만든 뒤, 날줄을 추가하면서 바닥의 크기를 넓혀 간다. 역시 바닥의 크기가 다 되면 삼오리를 쳐서 운두를 올리며, 씨줄을 손으로 잡아당기면서 운두의 곡선이 안으로 모아지게 한다. 그런 뒤, 원하는 높이까지 운두가 완성되면 바닥 안쪽에 삼베를 붙여 주고, 삼오리 친 부분을 굽혀 다시 날을 줄이면서 날줄 여덟 개를 남겨 서로 엮어 마무리한다. 남은 부분은 꼬챙이로 밀어넣고, 왕골의 뜬 부분이 달라붙도록 골토막 위에 바닥을 대고 골망치로 두드리며 밀어주면 된다.
— 최공호, 『완초장』(국립문화재연구소, 1999), 61~80쪽 삼합 제작과정에서 참조.

**무늬를 넣는 과정을 '뜸질 과정'이라고 한다.

***보통 마령은 재나 인분을 주어야만 잘 자라고 색깔이 예쁘게 돈다고 하는데, 왕글보다 빠른 6월 초에 잘라다 쓴다.

시작해 날을 추가해 가면서 무늬를 넣고 원의 지름을 넓혀가면서 바닥을 만들어준다. 바닥의 크기가 어느 정도 되면 '삼오리'를 쳐서 돌려준 뒤, 이번에는 날줄의 수를 점차 줄여간다. 그리고 마지막에 여덟 날줄을 남겨 밑부분을 잘라 꼬챙이로 남은 부분을 안으로 밀어넣고, 골망치로 쳐주면 모든 과정이 끝이 난다. 여기서 '삼오리 친다'라는 말은 씨줄을 세 가닥 더 넣어 돌려준다는 뜻으로, 꽃방석이 접히는 부분에서 삼오리를 치게 된다. 이는 꽃방석을 비롯해 삼합*이나 동고리와 같은 '꺾임'이 있는 모든 왕골 소품에서 반드시 거쳐야 하는 중요한 과정이다.

"옛날부터 허던 솜씨니까 허지, 시방 새로 배워서는 못해요. 젤로 어려운 건 뒤를 막는 건데, 잘못 막으면 새가 떠요(사이가 뜬다)." 그리고 또 하나, 무늬를 집어넣는 일도 만만치 않은 일이다. 처음에는 그냥 색깔만을 넣어 많이 짰지만, 지금은 전통 무늬를 많이 넣어 짜는데, 무늬**를 넣을 때는 천연 염료를 왕골에 물들여 쓰지만, 학 무늬나 구름과 같은 흰색의 경우에는 '마령'***이라는 식물을 주로 쓴다. 마령은 왕골과 비슷하게 생겼으나 키가 1미터 정도로 왕골에 비해 키가 훨씬 작으며, 밑동은 하얗고, 위로 갈수록 누런 색을 띤다. 그래서 이것을 쓸 때는 주로 하얀 밑동 부분의 속이 드러나도록 해서 쓴다.

보통 둥근 꽃방석을 만들 때는 어느 소품보다도 많은 씨줄과 날줄이 필요하며, 처음 여덟 날에서 많게는 256날까지 날이 늘어날 때도 있다. 이 모든 과정은 손으로 이루어지지만, 기본적으로 갈구락지(갈고리)와 골망치(나무망치), 꼬챙이, 골토막, 사각틀과 같은 작업 도구들이 필요하다. 여기서 갈구락지는 날줄을 만들 때 사용하는 도구로, 노를 꼴 때 왕골 가닥을 걸어주는 노릇을 한다. 골망치는 꽃방석이 완성되었을 때 왕골 사이의 틈을 막거나 메우는데 필요한 도구로, 보통 마무리 때 쓴다. 골토막은 골망치로 소품을 두드릴 때 받침대 노릇을 하는 도구로, 예부터 감나무를 많이 썼다. 또 사각틀은 작업대 노릇을 하기도 하지만, 사각 모양으로 된 소품의 경우 옆면(운두)의 모양을 만들어 올릴 때 쓰며, 꼬챙이는 작업을 마무리할 때 남은 날줄을 속으로 밀어넣는 노릇을 한다.

방금선 씨에 따르면, 요즘에도 옛날처럼 겨울 한철 농한기 때만 방석을 짜는데, 옛날 한창 많이 짤 때는 한 달에도 열다섯 장을 짰지만, 지금은 겨우내 부지런히 짜야 열다섯 장 정도가 나온다고 한다.

"그때는 힘든 것도 몰랐어요. 며칠 있으면 돈 들어갈 꺼 생각하고 밤을 낮 삼아 했으니까."

그는 왕골을 주로 이웃 마을인 창후리에서 구해오는데, 작년에 왕골을 재배하는 집이 여덟 집에서 올해는 다섯 집으로 줄어들었다고 한다. 왕골을 재배하는 집이 줄어든다는 것은 그만큼 왕골 제품을 짜는 사람들이 줄어든다는 것이고, 그만큼 제품의 판매도 줄어들었다는 얘기다.

방금선 씨가 만든 소품들. 그는 꽃방석만큼이나 다른 소품에도 재주가 많다.

학 무늬나 구름과 같은 흰색을 무늬로 넣을 때 쓰는 마령. 마령은 왕골과 비슷하게 생겼으나 키가 1미터 정도로 훨씬 작으며, 밑동이 하얗다.

"왕골을 옛날에는 많이 심었는데, 지금은 시세도 없고 해서 별로들 안해요. 우선 팔리질 않으니까."

보통 강화에서는 봄에 왕골의 씨를 뿌리며, 한 달 지나 모내기하듯 옮겨심고, 7월쯤에 자른다. 왕골을 쓰기 위해서는 자른 왕골을 가지고 위를 묶어 건조실에 넣어 말린 다음, 햇빛과 밤이슬을 번갈아 맞히며 하얗게 바래도록 두는데, 때에 따라 사흘에서 일주일까지 이슬에 적셨다 말리는 과정을 되풀이한다. 이렇게 해야 왕골이 비로소 기름기가 반지르르 배게 돼 꽃돗자리나 방석을 맬 수가 있다고 한다.

이러저러한 어려움으로 80년대 초까지만 해도 강화에서 왕골을 재배하는 집(1천여 가구)이 꽤나 많았으나 90년대 말에 이르러 예전의 3분의 1 수준에 그치고 있다. 시골에까지 아파트가 들어서면서 사람들이 돗자리보다는 카펫을, 왕골 방석보다는 일반 섬유 방석을 더 많이 쓰기 때문이다. 또한 지금은 중국이나 북한의 값싼 왕골 제품에 밀려 질 좋은 강화 왕골 제품이 설자리를 잃어가고 있다. 80년대까지만 해도 강화의 돗자리와 방석은 그야말로 날개돋친 듯이 팔렸다. 더불어 왕골 제품으로 벌어들이는 수입도 쏠쏠해서 김포 사람이 강화도에 와서 쌀을 꾸어간다는 우스갯소리도 있었다고 한다.

방금선 씨가 아쉬워하는 부분도 이 부분이다. 형편은 좋아졌으되, 왕골 제품은 날이 갈수록 외면받고 있다는 것. 꽃방석 만드는 법을 배우려는 사람들의 발길이 점점 끊어지고 있는 것도 이 때문이다. 하긴 시대는 이

46

미 많이 변했다. 굳이 응접실에 꽃돗자리를 놓지 않아도 되고, 꽃방석이 없어도 된다. 그것을 대체할 만한 것은 얼마든지 있다. 그러나 꽃방석만이 지닌 장점들은 어떤 다른 것도 따라올 수가 없다.

"그래도 이게 사철 좋은 거예요. 여름에는 시원하고, 겨울에는 차지 않아요. 특히 햇바람 나서 선득선득해질 때 이걸 깔면 그래 좋아요. 만들 때도 이게 한 번도 똑같이 안 나와요. 매번 손마다 달르죠. 그러니 생전 해도 실습이라고 생각해요."

매번 실습하는 기분으로 만드는 꽃방석. 오늘도 그의 집 한 켠에서는 왕골을 만지는 분주한 그의 손놀림이 계속되고 있다.

| 기행수첩 |

방금선 씨를 만나려면 강화읍에서 48번 국도를 따라 바닷가 쪽으로 가다가 신봉리가 나오면, 마을 입구에서 오른편으로 올라가면 된다. 강화에서 왕골 제품을 만나려면 송해면 양오리에서 꽃돗자리를, 하점면에서 꽃방석을, 교동에서 온갖 소품을 만날 수 있는데, 송해면 양오리는 아직까지 민통선이어서 출입이 어렵고, 교동은 외포리에서 배를 타고 가야 한다. 토산품 판매장(032-930-3351, 강화완초공예 농업협동조합 032-932-2538)은 강화읍내 남문쪽에 자리잡고 있다. 강화도는 관광지답게 숙박시설이 많아 어디서든 하룻밤 묵을 수 있다.

● 방금선(66, 인천시 강화군 하점면 신봉리, 032-933-6040)

왕골 소품을 한자리에서 만날 수 있는
강화 토산품 판매장

　강화 읍내에 자리잡은 강화 토산품 판매장에서는 강화의 여러 지역에서 만든 꽃돗자리와 꽃삼합, 꽃방석, 사주함, 동고리, 짚신을 비롯한 온갖 왕골 소품을 전시, 판매하고 있다. 강화 토산품 판매장 번영회장인 오종환(68) 씨에 따르면, 최근 중국산에 이어 북한산 왕골 돗자리까지 수입하면서 판매장의 왕골 제품 판매가 80년대에 비해 3분의 1밖에는 되지 않는다고 한다. 그러나 그에 따르면 중국산이나 북한산은 강화산에 비해 염색과 왕골 재질이 많이 떨어진다는 것이다. "왕골 제품은 모름지기 은백색이 나와야 좋은 것인데, 수입품은 누렇게 색이 나와요. 강화산은 뽀얗게 뜨거든요." 물론 품질이 좋은 만큼 강화산 왕골 제품이 비싼 것은 사실이다. 꽃돗자리는 8자 45만 원 선. 꽃방석은 3만 원부터.

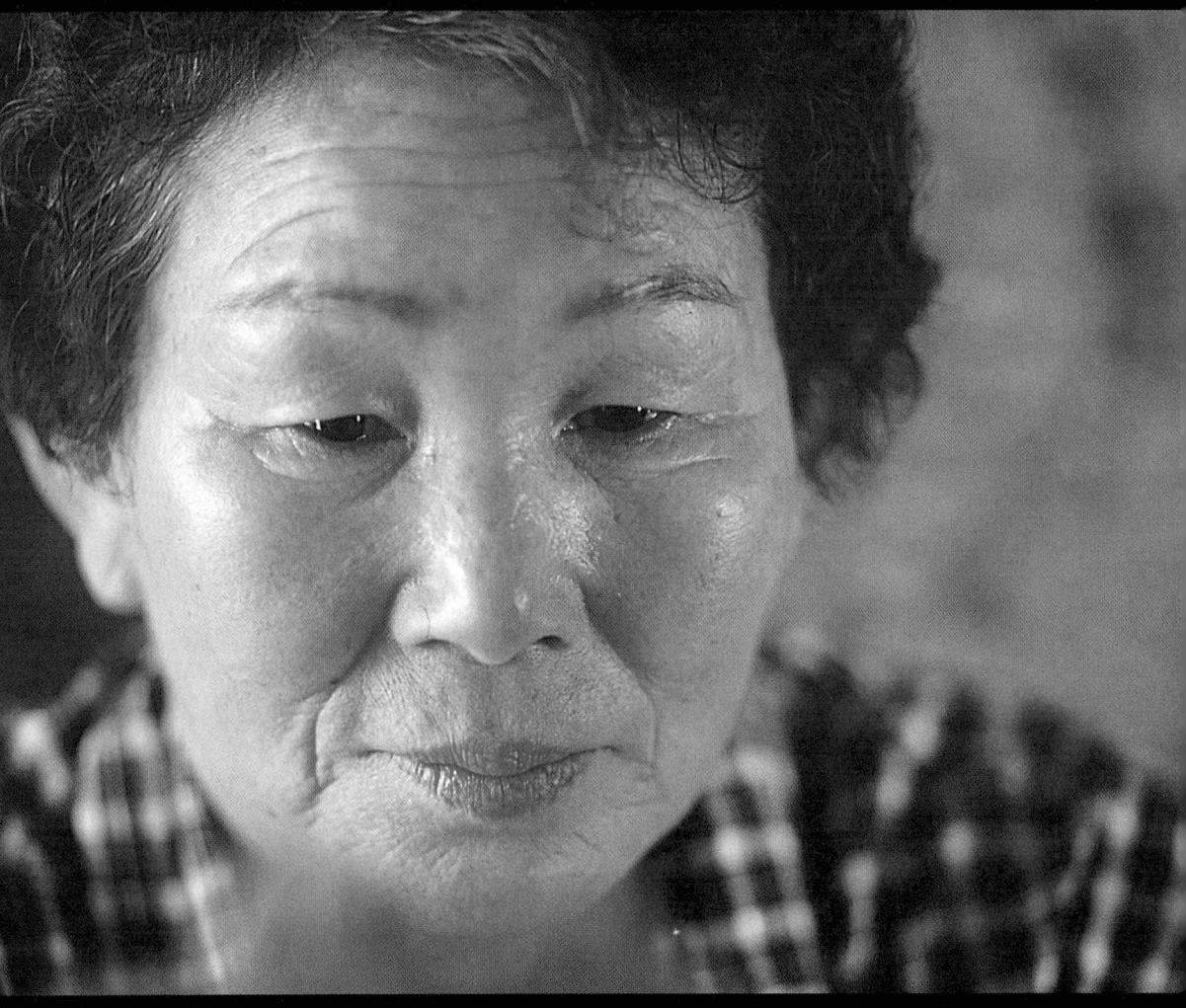

짚신 삼기와 함께한 30여 년 세월

문복선

짚신장이

간밤에 흩뿌린 달디단 봄비가 잠자던 풀싹을 깨웠는지 섬진강을 따라 펼쳐진 들판을 한껏 푸르게 물들여 놓았다. 굽이굽이 섬진강을 휘감은 지리산자락에는 몇며칠 흐드러지게 피었던 매화가 반짝반짝 색종이 같은 꽃잎을 바람에 날리며 막바지 꽃잔치를 벌이고, 길가에 늘어선 벚꽃은 마치 폭죽을 터뜨리기라도 한 듯 이제 막 꽃망울이 벙글어 옛 하동포구 팔십리 길을 따라가는 나그네의 마음을 싱숭생숭하게 만든다. 남도의 봄이 가장 먼저 와 닿는 하동 땅. 섬진강을 따라 북상하는 봄기운을 거슬러 우리가 신기리에 도착한 것은 점심때가 다 되어서였다.

하동 읍내를 얼마 지나지 않아 만나게 되는 신기리. 우리에게는 생소할지 모르지만, 주변에는 이곳이 짚신마을로 소문이 나 있다. 마을 사람들에 따르면 신기리에는 모두 60여 가구 가운데 20여 가구 정도가 짚신을 삼는다고 한다. 이곳에서는 주로 농사철을 피해 겨우내 짚신을 삼는데,

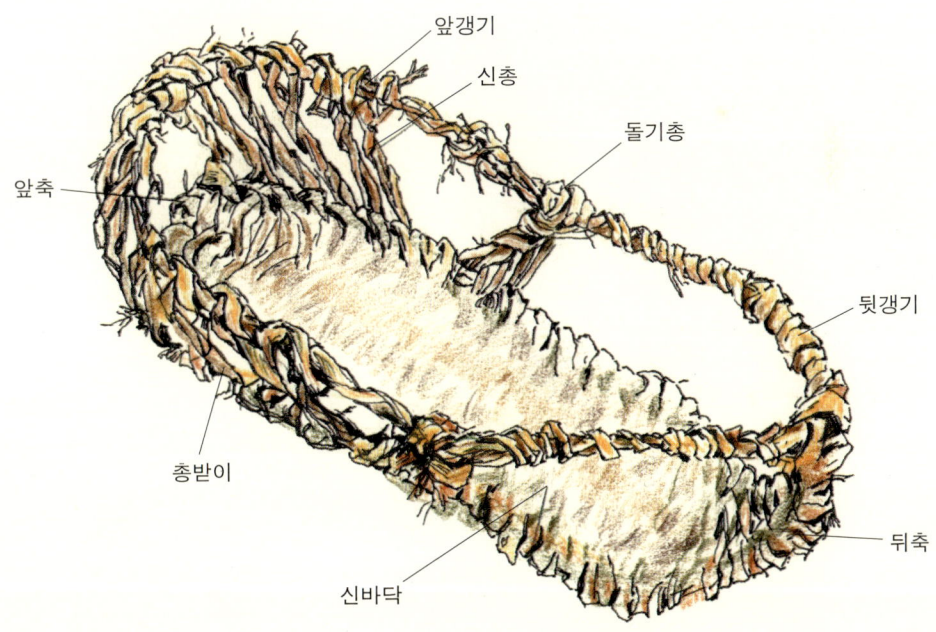

앞갱기
신총
돌기총
앞축
뒷갱기
총받이
뒤축
신바닥

짚신 삼기는 당연히 짚으로 새끼를 꼬는 일에서부터 시작된다.

앞축을 삼은 다음에는 신총을 내고 바닥을 짜는데, 신총을 촘촘하게 많이 낼수록 짚신은 고급스러워진다.

논밭이 별로 없는 영세한 주민들은 농사철인 봄과 여름에도 틈틈이 짚신을 삼아 가욋돈을 번다고 한다.

이 마을에서 본격적으로 짚신을 삼기 시작한 것은 약 20여 년 전. 당초 굿이나 상가에 쓰이는 짚신을 삼아 팔기 시작한 것이 오늘에 이르게 되었단다. 물론 그 이전이라고 해서 짚신을 삼지 않았던 것은 아니지만, 그때는 할아버지 할머니들이 사랑방에 모여 심심풀이 삼아 삼는 것이 고작이었다.

특이한 것은 옛날 주로 남정네들이 짚신을 삼았다면 이곳에서는 지금 여인네들이 주로 짚신을 삼는다는 것이다. 마을에서 만난 문복선 씨(63)도 그런 이 가운데 한 분으로, 올해로 짚신을 삼은 지 얼추 30여 년이 됐다고 한다. 문복선 씨를 만나기 위해

물어물어 그의 집을 찾다가 우리는 문씨네 아랫집에서 짚신을 삼는 서너 명의 어르신들을 먼저 만났다. 봄날이긴 하지만 날이 아직 서늘한 기운이 있는지라 그네들은 사랑방에 모여 짚신을 삼고 있었다. 사랑방에는 온통 짚이 널려 있었고, 그 동안 만든 짚신더미가 한 켠에 산더미처럼 쌓여 있었다.

올해로 35년째 짚신을 삼는다는 전덕순 씨(70)에 따르면, 많이 삼는 사람은 하루 서너 죽까지 삼는단다. 한 죽에 열 켤레니 하루 30~40켤레는 삼는다는 얘기다. "아침밥 묵고 아홉시부터 저녁 여덟시까지 삼아. 농사철에도 저녁때 잠깐씩 삼고 그러지." 이렇게 삼아놓은 짚신은 단골로 드나드는 짚신장수가 와서 사간다고 하는데, 보통 굿이나 상가에서 쓰는 간편한 짚신은 한 죽에 5천 원 정도라고 한다. 한 켤레에 5백 원 꼴이다.

돌기총(올개총)과 뒤축(뒤 꼬마리)을 삼은 뒤, 신꼬랭 이(신끈)를 꼬고 있다.

신끈을 꼬고 난 뒤, 갱기치기(감치기 과정)를 하면 일단 짚신이 완성된다.

하지만 사극이나 실제로 가정에서 신도록 만든 짚신은 한 죽에 1만 3천 원으로 값이 조금 더 나가는 편이다.

전덕순 씨와 단짝으로 짚신을 삼는 공한순 씨(73)도 올해로 10년이 훨씬 넘게 짚신을 삼아 왔다고 한다. 그의 기억으로는 어렸을 때부터 이 동네에 짚신장수가 드나들었단다.

"신장사들이 내가 이래 어려서도 있었거든. 저래 방에다 짚신을 모아 놓으면 사러 오거든. 주로 농촌에는 해방 전만 해도 저거 신고 일도 하고 나무 하러도 가고 그랬거든. 근간에 와서 저걸 벨로 안 삼다가 요새 다시 삼는 거지 뭐. 근데 또 지금은 근동에 소문이 퍼져버리니까 판로가 또 줄어들었어."

이웃에 소문이 났다는 것은 짚신도 벌이가 된다는 것을 알고, 짚신을 삼는 사람이 요즘 다시 늘어났다는 얘기다.

짚신마을로 유명한 신기리에서도 짚신 잘 만드는 사람으로 소문난 사람은 역시 문복선 씨를 꼽을 수 있다. 우리는 짚신을 삼던 여러 어르신들에게 인사를 드리고, 언덕에 자리한 문씨네 집으로 올라갔다. 문씨네 집에 이르러 여러 번 인기척을 해보지만, 아무런 대답이 없다. 다시 크게 한번 헛기침을 내뱉어 보는데, 집이 아닌 비닐하우스 안에서 사람의 목소리가 들려온다. 하우스 안으로 들어가 보니 문복선 씨가 짚신 삼던 손을

마지막으로 신틀에 나막신처럼 생긴 신골(골토막)을 넣어 골망치(나무망치)로 두드려 신발 모양을 내야 완전한 짚신이 만들어진다.

놓고, 누구냐는 듯 낯선 사내를 쳐다보았다. "짚신 삼는 거 구경 좀 왔어요." 인사 대신 한마디 던지자 그제서야 문씨는 경계심을 풀고 다시 손을 움직였다. 자세히 보니, 아랫집에서 만드는 짚신과는 크기부터

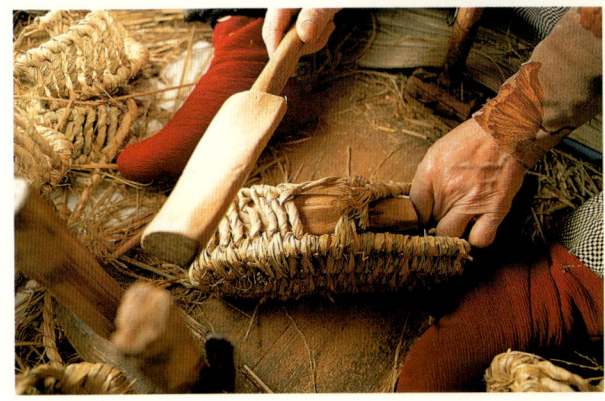

달랐다.

아랫집에서 만드는 짚신이 굿판이나 상갓집에서 쓰는 전시용 짚신이라면, 문씨가 만드는 짚신은 실제로 사극이나 집안에서 신도록 만든 짚신이었던 것이다. 그 때문인지 모양이나 태깔 또한 훨씬 곱고 튼튼해 보였다. 그가 거의 매일같이 들어앉아 짚신을 만드는 이 비닐하우스는 짚신을 만들기 위해 따로 작업실처럼 만든 것이란다. 그에 따르면 하루 꼬박 짚신을 삼을 경우 두 돌뱅이(두 죽)쯤 삼는다고 한다.

짚신을 삼는 사랑방 풍경.
전덕순·공한순 할머니가
주로 짚신을 삼는 곳이다.

"하두 폴이 아파싸서 힘들어요. 작은 거는 저래 실렁실렁헝께 많이 썩 허는디, 이건 꼼꼼하게 만들어야 헝게로 마이 못해요. 농사 짐서루 허다 봉게, 힘들기도 허고. 하모 이건 한 죽에 1만 3천 원짜린디, 저래 작은 거 세 배 가격잉게, 세 배는 더 힘들지."

당연히 짚신에 필요한 짚과 새끼도 세 배쯤은 더 들어간단다.

"이 동네 사람덜 모두 큰 짚신은 잘 안 삼을라고 해. 그래 나 혼차만 이거 삼거등. 저런 거는 많이썩 가져 강께, 많이들 삼는 기고, 이건 품이 많이 들어강께, 안 삼는 기지 뭐."

그가 처음 짚신을 삼기 시작한 것은 서른세 살 때라고 한다. 올해로 딱 30년째인 셈이다.

"이 동네로 시집옹게 집집이 전부 이거를 해. 이전에 노인 때 부터 이 동네서 다 삼았쌍게 그런가. 여게는 사방 동네방 네 퍼져가꼬 농사도 없고 거시기 한 사람들은 조개 (재첩) 팔 땐 조개 파고, 짚신 삼을 땐 짚신 삼 고 그러지 뭐. 지금도 그래."

짚신을 삼을 때는 가장 먼저 짚을 물에 축 이고 틀거리가 될 새끼를 꼬아놓는 것으로 부터 시작된다. 이렇게 꼬아놓은 새끼는 이제 신틀에 걸어(네날 짚신의 경우 신틀 에 네 가닥의 새끼줄을 건다) 뜨개질하듯 앞축부터 삼아 나간다. 이어 신총을 내는 데, 신총을 촘촘하게 많이 낼수록 짚신은 훨 씬 고급스러워진다. 계속해서 신바닥과 돌기총 (올개총)을 삼고 뒤축(뒤꼬마리)을 앉힌 뒤, 신꼬 랭이(신끈)를 꼬고, 갱기치기(감치기 과정)를 하면 일 단 짚신이 완성된다.

하지만 여기서 끝나는 것은 아니다. 이어 신틀에 나막신처럼 생긴 신골 (짚신의 모양을 내기 위해 짚신 안에 넣는 나무토막, 골토막이라고도 한 다)을 넣어 골망치(나무망치)로 두드려 신발 모양을 내야 완전한 짚신이 만들어지는 것이다. 짚신 삼기의 과정이 끝나면 마지막으로 또 하나의 과 정이 기다리고 있다. 다름아닌 도리뱅이를 치는 과정. 한 죽(열 켤레)을

도리뱅이 친 짚신. 한 죽 (열 켤레)을 한 꾸러미씩 잡아맨 것을 '도리뱅이 친 다'고 한다.

다 완성된 짚신. 큰 짚신은 전시용 짚신보다 재료와 정성이 세 배 정도 더 들어가 값도 세 배가 더 비싸다.

한 꾸러미씩 잡아매는 일을 여기서는 '도리뱅이 친다'고 한다.

"이래 이제 짚신을 한 돌뱅이썩 만들어노면 다 끝나. 삼아노면 가지가 삐리고, 가지가 삐리고 하니까 삼기가 바빠요. 옛날에도 삼아만 놓으면 짚신장수가 마을에 들어와 가. 주로 도회지에서 상주들이 신고 거식허는 데 쓰지. 탤런트들 거식헐 때도 쓰고, 민속놀이 헐 때도 쓰고 그러지. 이게 손이 말도 못하게 마이 가. 내가 첨에 동네 사람 허는 거 이래 보고 어깨 너머로 배워 오늘까지 하능 기지 뭐."

그에 따르면 신기리에서 만드는 짚신은 주로 서울 남대문시장이나 대구 서문시장 쪽으로 많이 나가는데, 특히 그가 만드는 짚신은 사극이나 민속놀이 할 때 많이 가져간다고 한다.

옛날 우리네 농촌에서는 어느 집이건 일 삼아 짚신을 삼아야 했다. 짚신이란 것이 말이 신발이지 며칠만 신고 나다니면 금방 해지기 때문에 농한기 때면 되도록 많은 짚신을 삼아놓는 게 일이었다. 학계에서는 우리 민족의 신발이었던 짚신의 역사가 약 2천여 년 전에 시작된 것으로 보고 있다. 삼국시대 이전부터 이미 짚신이 있었다는 얘기다.

짚신의 종류도 다양해서 일반적인 짚신부터 대충 막 신도록 만든 막치기 짚신('막치'라고도 함), 삼과 짚을 섞어서 만든 미투리, 왕골로 삼은 왕골짚신, 장화처럼 만든 노파리, 볏짚의 총대* (이삭이 달린 줄기 부분)

로 촘촘하게 삼아 물감을 들인 꽃신 등이 있었다. 그 밖에도 삼으로 삼은 삼신, 나무껍질로 만든 무쿠리, 칡넝쿨로 만든 청올치라는 신도 있었다. 짚풀문화를 연구해 온 인병선 씨는 짚신의 종류가 다양할 수밖에 없었던 까닭을 주재료가 짚인 만큼 오래 신을 수 없었던 '짚신의 단점'에서 찾고 있다.

"짚신은 약하기 때문에 여러 가지 방법이 연구되었던 듯하다. 오줌에 담가놓았다 신으면 더 질겼으며, 좀 해지면 뒤집어 신기도 했다고 한다. 또 짚의 새꽤기만을 잘라 사흘 동안 재에 묻었다가 색을 노랗게 하여 삼기도 했다고 한다."[*]

짚신 삼기와 함께한 문복선 씨의 30여 년 세월. 거친 볏짚과 새끼를 만지며 살아온 까닭일까. 문씨의 손바닥은 짚신바닥처럼 여기저기 닳고 갈라터졌다.

"짚신 삼다 보면 원래 손이 닳아지고 쪼개지고 그래. 겨울에는 더 닳아지고, 거칠어져."

그가 손바닥을 들여다보며 짧은 한숨을 내쉬었다.

"우리집 영감이 98년도에 먼저 가부렀소. 내가 4남 1녀 두었는데, 지끔 막내이까정 손자 다 봤어. 내가 농사철에는 농사지어야지. 조개 나오면 조개 캐러 가야지, 혼자서 다 허기가 힘들지. 이 짚신 삼는 것도 허기가 여간 힘든 일이 아니야. 내가 한 달이면 20일 정도 짚신을 삼아. 4일은 짚신 삼고, 장날은 쉬고 그래. 난 언제든지 장날은 안해. 나도 쉬어야지. 그래도 장날에 짚 추리 놓고 총대 까놓고 해야 짚신을 삼으니까, 그런 준비는 다 해놓지. 그게 벌써 30년이야."

이야기를 하는 동안 그의 손바닥은 어느덧 다시 짚신에 가 있었다. 저

[*]인병선, 앞의 책, 476쪽.

손이야말로 묵묵히 고통을 견디며 살림살이며, 논일, 밭일, 재첩잡이로 자식들 공부 다 시킨 그지없이 아름다운 손이 아니던가.

|기행수첩|

짚신마을인 신기리로 가려면 전라도 땅인 남원과 구례를 거쳐 19번 국도를 타고 하동까지 간다. 하동에서 신기리까지는 그리 멀지 않은데, 19번 국도를 타고 하동 읍내를 벗어나면 곧바로 신기리다. 19번 국도에서 왼편으로 신기리 들어가는 마을길이 나온다. 마을에서 상당수의 집이 짚신을 짜므로, 겨울이나 이른 봄에 신기리를 찾으면 짚신 짜는 모습을 손쉽게 볼 수 있을 것이다. 하지만 신기리에서도 큰 짚신을 매는 이는 문복선 씨밖에 없다.

● 문복선(63, 경남 하동군 하동읍 신기리, 055-883-4258)

서만대

짚풀장이

서만대 노인과 그의 단짝인 원형상 노인이 각
각 짚단지와 장식용 짚신을 엮고 있다.

영월군 서면 쌍용리에 있는 역전 경로당에 대낮부터 노인들이 붐비고 있다. 오늘이 특별한 날이라서가 아니라 평소에도 이들은 경로당에 모여 특별한 일을 한다. 그 특별한 일이란 다름아닌 짚풀도구를 만드는 일. 이곳에서 그들은 짚으로 주루막이며 노파리(눈 올 때 신는 목이 긴 짚신)도 엮고, 씨오쟁이며 짚방석, 짚단지, 멍석, 자리, 삼태기를 짜거나 가마니도 친다. 역전 경로당에서 마을 노인들이 모여 본격적으로 짚을 삼기 시작한 것은 4년 전. 보통 여름철에는 대여섯 명이, 한겨울에는 30여 명 이상의 노인들이 경로당에 모여 짚풀도구를 만들어오고 있다.

이들 경로당 노인들 중에서도 솜씨가 가장 좋기로 소문난 사람은 서만대 할아버지(87). 경로당 안으로 들어서자 때마침 그가 짚단지를 만들고 있다. 이곳에서는 흔히 '수박 봉탱이'(모양이 수박처럼 생겨서 붙은 이름이다)라 불리는 짚단지는 그가 가장 자신있게 만드는 것일 뿐만 아니라 가장 많이 만드는 것이기도 하다.

"내가 이걸 하루에 한 개씩은 맹글지. 어데 지금은 쎄가 빠지도록 하나. 아침 먹고 나와서 두시 넘으면 가 삐고, 심심소일루다 하는 기지 뭐. 가만 앉아 있으모 뭐하나. 이런 거라두 맹글어야지."

그가 하루에 한 개씩 만든다고 해서 짚단지가 쉽게 만

짚단지를 만들기 위해서는 우선 짚을 물에 축여놓고, 새끼도 미리 꼬아놓아야 한다. 사진은 물에 축인 새끼를 부드럽게 하려고 골아망치로 두드리는 모습.

63

들 수 있는 것은 아니다. 짚단지를 만들기 위해서는 우선 짚을 물에 축여놓고, 새끼도 미리 꼬아놓아야 한다. 그런 다음 새끼줄을 열십(十)자 모양으로 꿰어 나가면서 밑바닥을 만든다.

밑바닥에서 옆면으로 올라갈수록 날수는 네 날에서 여덟 날, 열여섯 날로 점점 늘어났다가 다시 네 날까지 줄어든다. 이때 날수가 다시 네 날로 줄어들면 하나의 단지가 완성되는데, 처음 네 날에서 날을 더해 가는 까닭은 옆면의 둥그런 모양을 내기 위함이며, 날을 더해 주지 않으면 모양이 우그러져 버린다.

짚단지는 맨처음 새끼줄을 열십(十)자 모양으로 꿰어 나가면서 바닥을 만들고 점점 날을 추가해 간다.

옆면이 다 된 상태에서는 다시 날을 줄여가면서 짜다가 어느 정도 높이가 되면 네 날로 줄인 뒤, 맨 윗부분을 뒤집으면 하나의 짚단지가 완성된다. 마지막 과정인, 윗부분을 뒤집는 과정을 여기에서는 '구갑 올린다' 고 하며, 이렇게 뒤집는 부분을 일러 '구갑' 이라 부른다. 구갑을 올리고 나면 짚단지는 다 완성된 것이지만, 때로 보기 좋게 덮개를 만들어 주기도 한다. "이게 만들기가 쉬워 보여두 손이 많이 가는 일이야."

그에 따르면 주루막도 만드는 번거로움이 만만치 않다. 주루막 역시 새
끼를 꼬아서 엮는데(지역에 따라 거적틀로 짜는 데도 있다), 한 겹이 아
니라 두 겹을 만들어 그 중 한 겹을 넓게 엮은 뒤, 나머지 한 겹을 포개어
꿰맨다. 그런 다음 윗부분에 고래기(멜빵 고리)를 만들고, 멜빵 끈을 꿰
면 된다. 특히 주루막은 가방처럼 물건을 담는 것이므로 무엇보다 튼튼해
야 하는데, 이 때문에 새끼줄과 칡줄을 섞어서 만들기도 한다. 새끼줄 또
한 다른 것과 달리 되게(촘촘하게) 꼬아야 하며, 고르게 신경을 써서
꼬아야 한다.

바닥에서 옆면으로 올라갈
수록 날수는 열여섯 날까지
늘어나는데, 이렇게 날을
더하는 까닭은 우그러지지
않고 둥그런 모양을 내기
위함이다.

그가 밝힌 것 가운데 만들기가 가장 까다로운
것은 '노파리'라 불리는 겨울용 짚장화다.

"이거는 먼저 신바닥을 짚신바닥처럼 맹글
고, 돌아가민 옆을 엮어서 올려야 돼. 그러니 이
기 엄청 더디어. 한짝 하는데 꼬박 하루는 걸려.
한 켤레 삼으려면 이틀은 걸리는 거지. 하이튼
이 노파리가 젤로 심들어."

반면 가장 쉽게 짜는 것은 가마니라고 한다.
가마니는 가마니틀에다 실처럼 짚을 나무바늘
에 끼워 두 사람이 넣어주고 낚아채면서 바디로
쿵쿵 눌러 짜는데, 부지런히 짜면 한 시간에 끝
날 때도 있단다.

본래 서만대 노인의 고향은 황남빵으로 유명
한 경주 황남면이라고 하는데, 그가 이 마을에

서당대 노인이 가장 즐겨 엮는 것이 짚닫지라고 한다. 하루에 한
개씩은 만든단다. 여기서는 '수박 봉탱이'라고 불린다.

들어온 지는 30년이 넘었다고 한다.

"내가 전에는 포항제철소에서 일하다 일찍이 상처하고, 마흔여덟 살 때부턴가 여기저기 떠돌아 대녔어. 아이고 있던 살림 다 떨어먹고 나니 떠날 수밖에 별 도리가 있나. 젊을 때는 목수도 해 보고, 건설회사에 들어가 철근 일도 많이 했어.

옆면이 다 되었으면, 다시 날을 네 날까지 줄여 맨 윗부분을 뒤집는다. 이렇게 뒤집는 부분을 '구갑'이라 한다. 사진은 구갑을 올린 뒤 삐쳐나온 짚을 마무리하는 장면이다.

한 17년 동안 철근일 다니다 영월에 온 건 쉰여섯 살 땐가 그래. 아들이 어디 있노. 여기 와서 양복일 하다 할머이 하나 얻었다가 또 뒤져버렸지. 그 후로 가마이 이래 꾸부리고 살지 뭐. 두번째 마누라 밑에 딸이 하나가 있어서, 그 딸네미 보는 낙으로 살지 내가. 아이고 세상이 어두워서 눈만 뜨면 다들 도둑질하려고 설치는 세상이야."

옛날 생각에 새삼 서글퍼졌는지 할아버지는 짚단지를 삼던 손을 잠시 놓고, 창밖을 내다보았다. 그러고는 다시 서글펐던 옛날의 기억으로 되돌아갔다. 젊은 시절을 보낸 일제시대 때 그는 징용으로 끌려가 고초를 겪은 적도 있다고 한다.

"징용당해서 내가 일본 지시마 섬까지 강제로 끌려갔어. 그땐 뭐 동네 젊은 사람들은 다 끌려갔거든. 거기서 말도 몬하지. 헬리콥터 내리고 뜨게 그걸 닦는 일을 내가 했어. 추운데 전부 판자 깔고 헬리콥터 닦는 일을 했지. 거기 가서 모다 많이 죽었어. 그땐 여식아들도 다 끌고갔다니까. 마카 뭐 몸 팔어먹었지 뭐. 우리 갈 때 한 배 드간 기 997명인가 그랬어. 그 사람들 거의 다 죽었어. 살아온 게 천운이지, 천운. 농사짓다 말고 끌려가서 내가 거기 4년을 있었어. 그래 해방되고 나온 거지. 나오는 데만도 스무이렌가 걸렸어. 결혼은 열여덟 살에 일본 가기 전에 하고, 스물네 살 때 붙들려갔어. 그때 갔다 와서 부인하고 헤어졌어. 갔다 와보니 아 둘이 있었는데, 큰놈은 병신 되가 있고, 뭐 말이 아니여. 그래 나와서

농사짓고 있다가 고향을 떠나 노가다 대녔지 뭐. 저 포항으로, 평택으로 뭐 전국 다 다녔지. 그러다 이 마을로 들어와 이래 지금까지 살어."

이곳에서 그가 본격적으로 짚풀을 만지기 시작한 것은 5년 전이라고 한다. 그 전에도 물론 농한기 때면 수시로 이것저것 만들던 터라 못 만드는 게 없었지만, 요즘처럼 직업 삼아 하지는 않았단다.

"이거 맹글다 저거 맹글다 이래저래 맹글면 다 되는 기지 뭐. 맹글어보면 그냥 별 희한한 거 다 맹글었다고. 내가 짚으로 탑도 맹글고, 옛날에 그 뭐꼬,

구갑을 올릴 때는 잘 뒤집어지게 하기 위해 구갑 부분을 양쪽으로 잡아당겨 조금 늘인 뒤, 뒤집는다.

짚가방이라카나, 그것도 맹글고, 맹글어놓으면 사람덜이 다 가져가고 없거등."

그의 손재주는 정말 대단했던 모양인지, 한번은 우연히 텔레비전에 나온 '짚으로 된 옛날 가방'을 얼핏 보고는 어디 한번 만들어보자고 만든 것이 똑같은 모양의 짚가방을 만들어냈다는 것이다. 지금도 그는 짚으로 된 것이면 무엇이든 한 번만 보면 다 만들어낼 줄 안다.

"내가 젊었을 때는 맨 농사 지었으니까, 이른 거 다 해야 하거든. 저녁으로 덕새기 매고, 가마니 짜고, 신도 삼아야 하고, 온갖 것 다 하거든. 농촌에서는 다 쓰는 물건이니까, 이른 거 할 줄 알아야 되거든. 따로 배운 거는 아니고, 농촌 사람들은 다 할 줄 알았으니까, 그냥 어깨 너머로 보고는 했지 뭐. 그 전에 농촌에서는 열다섯 살 정도 되면 이른 거 다 맹글 수 있었어. 열다섯 살 때부터 스물네 살까지는 늘상 이른 거 만들었지. 그렇게 농사짓다가 인제 뭐 군대 가고, 그래서 뭐 할 새가 있었나. 요새 와서 다시 하는 기지 뭐."

서만대 노인이 짚단지를 만드는 동안 원영상 노인이 장식용 짚신을 만들어 보여주고 있다.

이곳에서 짚풀도구를 만들 때 쓰는 짚은 기계로 벤 것은 쓸 수가 없고, 오로지 손으로 바짝 자른 것만 쓸 수가 있다. 기계로 벤 것은 중간을 뭉청 잘라내므로 너무 깡똥해서 새끼를 꼴 수

70

없기 때문이다. 요즘에는 대부분 기계로 벼를 베므로, 경로당에서는 미리, 벼 수확 전에 이야기를 해두어 수확철에 아예 그곳에 가서 일손을 거들어주고 짚을 사온다.

"미리 이 마을 농사짓는 사람들에게 부탁을 해놓지. 작년에 우리 경로당에서 닷 마지기 정도 짚을 샀어."

앞에서 밝힌 것 말고도 이곳에서는 도롱이, 삼태기, 지게, 짚신 따위도 만드는데, 여기서 만든 짚풀도구는 대부분 주문을 받아 판매한다. 물론 가끔 축제 때나 지역행사 때 내다팔기도 한다.

처음 쌍용리 역전 경로당에서 짚풀도구를 만들기 시작한 것은 앞에서도 밝혔듯이 4년 전이다. 경로당에서 쓸 돈을 마련하기 위해 시작한 것이 오늘에 이르게 된 것이다. 이곳 경로당에 나오는 노인은 모두 67명. 물론 모두 짚풀을 만지는 것은 아니지만, 다른 경로당과 달리 대부분의 노인이 짚풀도구 만들기에 매달리고 있다. 현재 이곳의 짚풀도구는 해마다 찾는 사람이 많아지고 있어 지금은 손이 모자랄 정도이다. 겨울에는 그나마 경로당에 나오는 노인들이 많아 일손이 풍족하지만, 농번기에는 대여섯 명만이 이 일에 매달리므로 언제나 손이 모자란 상태다.

"이렇게 일을 하다보니 아픈 줄도 몰라. 늙으면 이렇게라두 움직여야 돼. 짚방석 하루 너댓 개씩은 아직도 맹글어."

이야기를 나누는 동안 어느새 서만대 노인 앞에는 완성된 짚단지가 하나 놓여 있었다. 여든일곱의 나이라는 게 믿겨지지 않았다. 그 나이에도 현재 그는 혼자 밥하고, 빨래하고, 살림에다 용돈벌이까지 다 하고 있는 셈이었다. "힘들지 않으세요?"라고 묻자, 서 노인은 "좋아서 하는 거요. 옛날에 다 하던 건데 뭐"라고 짧막하게 대답했다. 하긴 옛날 노인들은 그

짚풀도구를 만들기 위해 필
요한 도구들이다. 골망치,
나무 꼬챙이, 신골 등.

것이 생활이었다. 집 안에서 가마니 치고, 짚신을 매고, 주루막을 삼고. 옛날까지 거슬러오를 필요 없이 불과 수십 년 전만 해도 우리 생활에서 짚이 쓰이지 않는 적이 거의 없었다.

그는 바로 그것을 지켜가고 재현해내고 있는 것이다. 설령 그것이 소일거리로 하는 일일지라도.

"짚이란 게 우선 우리한테 쌀을 주지, 거름 주지, 초가집 있으모 지붕 잇지, 짚신 삼아서 발에 신고 다니지, 소신도 삼아 신기지, 가마니에 봉태이에 주루막에 단지에 맨 짚으로 맹글었지 뭐. 쓸모가 엄청났어. 그런데 지끔은 짚이 필요 없는 시상이 되었으니……."

변해 가는 세상을 어쩔 수는 없다 해도, 우리 민족의 역사와 함께 해온 짚풀문화의 전통마저 사라져간다는 것은 분명 단순한 아쉬움을 넘어 서글픈 일이다. 그래서인지 그것을 지켜내고 있는 서만대 노인의 작은 체구가 더없이 커 보인다.

┃기행수첩┃

서만대 노인이 사는 쌍용리로 가려면 영동고속도로를 타고 가다 만종 분

기점에서 중앙고속도로로 바꿔탄 뒤, 서제천 인터체인지로 나와 제천과 영월을 잇는 38번 국도를 타고 가다 보면 느릅재가 나오고 재를 넘으면 쌍용리에 닿는다. 큰 도로에서 왼편으로 난 도로를 따라 들어가면 오른편으로 쌍용역이 보이고, 그 곁에 경로당도 보인다. 이곳에서는 주로 겨울에서 봄까지 여러 짚풀도구를 만드는 모습을 볼 수 있는데, 서만대 노인을 비롯해 몇몇 노인들은 한여름에도 매일같이 나와 짚풀을 엮는다. 여기서 만든 짚풀은 지역축제나 행사가 있을 때 노인들이 직접 내다팔기도 하고, 몇몇 식당이나 가게 등에서 판매도 하지만, 대부분은 주문 제작을 한다. 현지에서는 짚단지 1만 원, 씨봉생이 6천 원, 멧방석 2만 원, 삼태기(小) 8천 원, 노파리 3만 원, 두트레방석 8천 원, 주루막 1만 5천 원, 짚신(大) 3천 원, 소멍 1천 원에 팔고 있다.

● 서만대(87, 강원도 영월군 서면 쌍용4리 역전 경로당, 033-372-5556)

강원도 영월군 주천면 판운리에서 볼 수 있는 섶다리.
섶다리는 소나무로 말목을 하고 다릿목 위에도 잔솔가지를 펴서 흙으로 메웠다.

곁들여보는

토종문화

서민문화의 꽃, 짚풀문화

옛날 우리가 흔히 쓰던 생활도구의 재료가 된 것은 대부분 짚과 풀이었다. 짚풀로 된 도구는 거의 모든 생활에서 쓰였으므로 그 종류 또한 이루 헤아릴 수 없이 많다. 가마니, 멍석, 바구니, 삼태기, 둥고리, 채반, 맷방석, 짚둥우리, 씨오쟁이, 두트레방석, 쇠신, 짚신, 용문석, 화문석, 바재기, 밧줄, 도롱이, 자리, 둥구미, 똬리, 망태기, 다래끼, 주루막 등등. 헤아려보면 한도 끝도 없다.

이런 짚풀도구들은 농경문화의 출발과 더불어 만들어졌을 것으로 추정된다. 즉 농사를 지어 얻은 곡식을 말리고 저장할 갖가지 그릇이 필요했을 터이므로, 이것을 가장 흔한 재료인 짚풀로 만들어 썼을 것이다. 더구나 우리 민족은 쌀농사를 흔하게 지었던 까닭에 짚풀 중에서도 볏짚을 많이 이용했음은 두말할 필요도 없다. 짚풀도구를 만드는 이런 기술은 점점 발달해 그릇 차원을 넘어 자연스럽게 방석과 덮개, 신발, 자리 등으로 발전해 나갔다. 그러나 짚풀로 된 도구는 결정적으로 오래 쓸 수 없다는 단점이 있었다. 어쩌면 그런 단점이 더 많은 짚풀도구를 만들게 했을지도 모른다.

짚풀문화의 터줏대감인 인병선 씨는 우리네 짚풀문화를 일러 "기층 서민의 예술"이라고 했다.

*인병선, 앞의 책, 59쪽.

"짚 문화도 그 순교 여인처럼 핍박 속에서 이룩된 문화다. 땅은 대부분 권력자와 양반이 독점하고 민중은 피땀으로 지어놓은 농산물의 대부분을 소작료다 각종 세금이다 해서 그들에게 빼앗기고 굶주림과 가난에 허덕이며 짐승처럼 살아왔다. 짚 문화는 그야말로 알맹이는 다 빼앗기고 껍데기만으로 이룩한 문화, 껍데기만을 가지고 진짜 우리의 민중 문화를 창조해 낸 진실과 투쟁의 문화인 것이다."*

인병선 씨가 말하듯 짚풀문화가 핍박 속에서 이룩된 문화라는 말은 공감이 가는 말이다. 한 예로 짚신만 해도 그것을 삼은 것은 머슴이나 일반 서민이었지, 양반은 아니었다. 하지만 어렵고 핍박 받는 살림살이 속에서도 일반 서민들은 짚풀을 가지고 그저 단순한 도구가 아닌 보기에 좋고, 쓰기에 편한 도구를 만들었다. 그러므로 짚풀문화를 '서민문화의 꽃'으로 불러도 좋을 것이다.

처마 끝에 걸린 짚둥우리(닭둥우리). 똑같은 짚둥우리도 그 모양이 지역에 따라 가지각색이다.

김재일 씨는 그의 책 『우리 민속 아흔아홉 마당』에서 짚이란 것이 단순히 생활용품의 재료에 그친 것이 아니라 그 이상의 '신앙적 의미'를 지니고 있다고 말하고 있다.

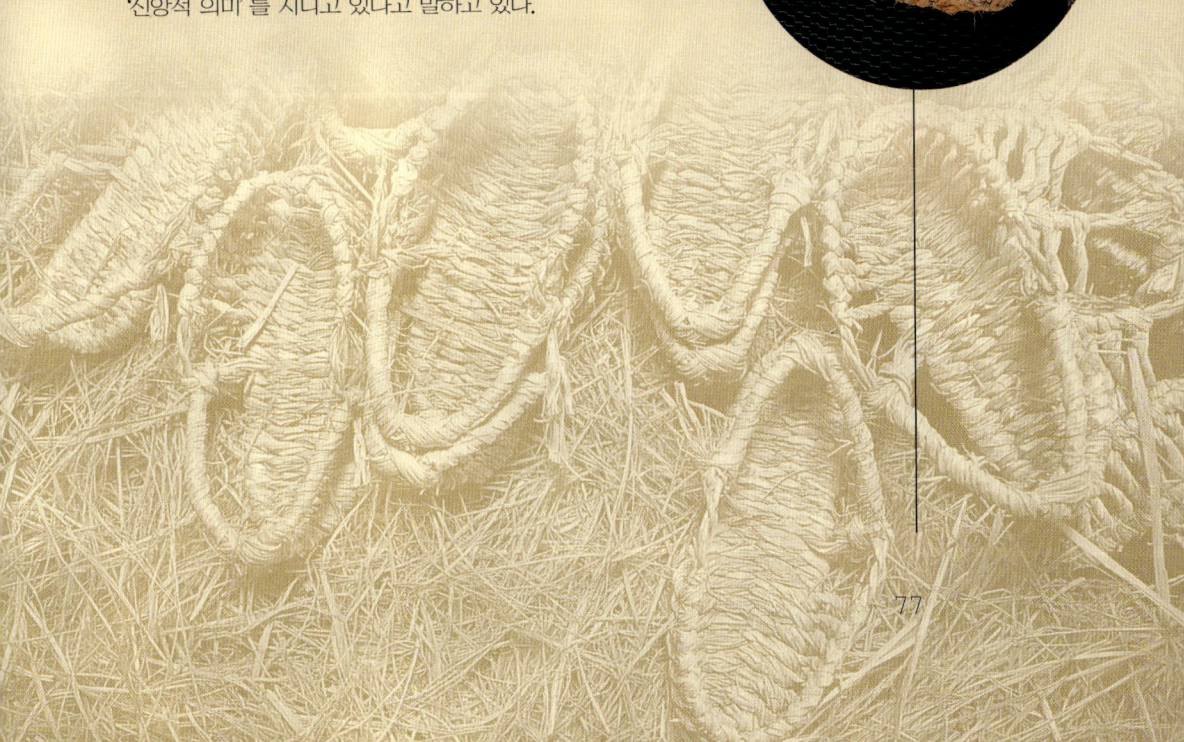

77

항아리 덮개로 쓰이는 두트레방석. 짚으로 엮었으며 고리까지 해 달았다.

길마. 소의 등에 짐을 실을 때 바탕 삼아 얹는 기구다. 길마 안쪽은 소의 등이 아프지 않도록 짚을 엮어 댔다.

역시 짚둥우리. 둥우리 안에서 암탉이 알을 품고 있다.

곡물을 보관하던 뒤주. 뒤주 위에 초가 지붕을 해 얹었다.

*김재일, 『우리 민속 아흔아홉 마당 1』(한림미디어, 1997), 242쪽.

"산모를 위해 산실에는 삼신짚이라는 짚북세기를 갈아주었는데, 그 자체에 안산의 신비한 힘이 있다고 믿었기 때문이다. 대문에는 짚으로 꼰 새끼줄로 금줄을 쳤으며, 왕실에서 왕손을 낳았을 때도 짚자리의 짚을 붉은 끈으로 묶어 문에 걸어두어 탄생을 알렸다. 짚 위에서 태어난 삶은 죽을 때도 짚과 함께했다. 밑바닥 사람들은 좋은 관을 쓸 여력이 없어서 짚으로 만든 가마니를 덮어서 장사를 치르었다. 이를 초분이라고 한다."*

여기에서 말하고 있는 초분은 아직도 전라도 도서지역인 도초도와 증도, 청산도 등에서 아직도 만날 수가 있다.

현재 짚풀문화를 만날 수 있는 곳으로는 책에 소개한 곳 말고도 여러 곳이 더 있다. 경북 문경시 동로면 적성2리에서는 마을회관에서 여러 노인들이 모여 짚풀도구를 만들고 있으며, 청송군 청송읍 금곡동 청송노인회관과 강원도 홍천군 두촌면 철정2리와 인제군 기린면 진동1리 경로당에서도 갖가지 짚풀로 된 도구를 만들어내고 있다. 또 전남 무안군 일로읍 산정리에 가면 새끼를 꼬는 마을을 볼 수 있고, 전남 화순군 북면 송단리에서는 복조리 짜는 것을 볼 수 있으며, 전북 무주군 설천면 배방마을

소줏고리를 막을 때 쓰는 짚고리마개.

에서는 인동초로 바구니를 만드는 것을 볼 수 있다.

　박물관 중에서는 서울 강남구 청담동에 있는 짚풀 생활사 박물관이 짚풀문화를 만날 수 있는 대표적인 박물관이다. 전남 함평군 나산면 상죽리에서는 우리네 농기구와 짚풀 생활용품을 전시한 개인 전시관을 볼 수 있고, 강원도 영월군 서면에 자리한 '들꽃 민속촌'과 경기도 파주시 법원읍에 있는 '두루뫼박물관'에서도 온갖 짚풀도구와 잡동사니를 만날 수 있다. 한편 경기도 파주시에서는 해마다 짚풀문화 공예품 공모전을 열어 짚풀문화의 전통을 이어가고 있다.

소의 입에 씌웠던 소멍(부리망).
소멍과 함께 베솔이 매달려 있다.

또아리. 옛날 아낙네가 물동이를 이
고 나를 때 머리에 얹고 쓰던 것이다.

삼태기. 짚풀이나 곡식, 재 등을
퍼나를 대 썼다.

두트레방석. 항아리를 덮을 때도
쓰지만, 깔방석으로도 쓰인다.

짚둥우리와 같은 용도로 쓰이는 싸리 둥우리.
짚둥우리가 암탉이 알을 품게 하기 위한 용도
라면 싸리 둥우리는 병아리를 가둘 때 썼다.

강화도에서 볼 수 있는 굴뚝.
짚을 엮어 바람을 막았다.

전남 신안군 도초도에 모두 여덟 기가 남아 있는 초분. 초분은 일종의
가묘로 섬 지방에서도 지금은 거의 사라진 무덤 형태이다.

억새로 엮은 도롱이. 옛날 비가 올 때 걸치던 우장이다.

전남 신안군 도초도 수항리에 사는 정마덕씨가 앞마당에 널어 말린 고추를 바구니에 담고 있다. 뒤로 그가 평생을 지켜온 초가집이 보인다.

조계옥, 남기옥

베장이

조계옥 할머니가 축구공 너댓 배에 달하는
삼뭉치를 이고 집으로 돌아가고 있다.

베장이를 만나러 가는 길은 아직 잣지 않은 삼실처럼 구불구불 산자락을 에돌아 가늘게 이어져 있다. 겨울도 깊어서 눈이 내리기를 몇 차례. 겨울이 깊을수록 삼베를 만지는 손길도 바빠진다고 했던가. 겨울이 한창인 삼척시 노곡면 하반천에 이르자 집집마다 다르르르 다르르르 문밖으로 돌개질 소리가 새어나온다.

하반천에서도 베 잘 짜기로 소문난 조계옥 할머니(73) 댁을 물어물어 찾아들어가니, 역시나 돌개질 소리가 문틈으로 새어나온다. 문밖에서 인기척을 하자, 할머니가 빼꼼 문을 열어 "우째 왔소?" 한다. 삼 삼는 애기를 들으러 왔다는 말에 할머니는 "그거 때문에 여기까지 왔소, 날도 깜깜하구만." 하면서 군말 없이 들어오라는 손짓을 한다.

삼뭉치. 삼실을 만드는 삼껍질을 둘둘 말아놓은 것으로, 뭉치의 크기와 개수만 보면 그 집의 베 짜는 양을 알 수 있다.

조계옥 할머니, 열 살 때부터 삼을 삼기 시작했다

안방 선반에는 매끈하게 감긴, 호박만한 삼뭉치가 여남은 개 올려져 있고, 바닥에는 삼다 만 삼껍질이 한쪽에 덩그마니 놓여 있다. 안방과 문을 튼 뒷방에는 낡아빠진 '돌개지'(십자 모양의 나무틀로 삼 삼기가 끝난 삼실을 돌리면서 이어주어 실꾸러미를 만들 때 쓴다)가 삼실을 친친 휘감고 있다. "이 돌개지가 한 30년 됐소." 30년이면 한 세대가 지나간 세월이다. 내가 무어라 말을 꺼낸다는 것이 "골동품이네요!"라고 내뱉자, 할머니는 "이거

물에 불린 삼껍질. 이 삼껍
질을 가늘게 쪼개 삼실을
만든다. 삼실 만드는 것을
삼 삼는다고 한다.

보다 내가 더 꼴똥품이
라." 하는 것이었다.

"평상 내가 이거 해
가지구 먹구살아요. 이
게 하이고, 음청 애먹
는 기래요. 이거 팔애
가지구 논두 사구 밭두
사구 아들 공부 다 갈
켰어요."

할머니는 무려 63년 동안 베를 짜왔다고 한다. 올해로 할머니가 일흔
세 살이 되었으니, 열 살 때부터 삼을 삼기 시작했다는 얘기다. 60년 넘
게 삼을 삼다 보니 그이의 장딴지와 허벅지는 벌겋게 굳은살이 배겼고,
입으로는 삼껍질을 하도 물어 오래 전에 이가 다 망가졌다.

"이빨이가 없으니 빨리 삼지도 못하고, 이 있는 사람은 이를 가지고 물
어댕기니 들 아프지만, 이 없는 사람은 잇몸으로 물어당기니 안 아플 리
가 없지. 이로 짜개가지구는 또 허벅지에 대구 손바닥으로 삼껍질을 돌돌
말듯이 돌려요. 그렇게 삼실을 만드는 거요. 인제는 심들어서 내가 일 년
에 한 열 필 삼는다이. 이틀에 한 뭉태기씩, 음력 정월 보름까지는 꼬박
삼아. 그러니 이거 누가 하겠소. 우리 동네에두 50대 된 사람들이 이거
하는 집 있긴 한데, 그 사람들 안하믄 읿아져 이거. 이 늙언 할먼네는 태
어나길 잘못 태어나가지고 이 고생이지. 내가요, 쪼만헌 기 시집오니 밥
도 하다 태와 먹고, 베틀 돌리다 말고 졸기도 하고, 내 사는 기 그래요."

이야기를 듣다보니 뜻하지 않게 얘기가 신세 한탄으로 흘렀다.

"그 전에 촌 사람덜은 여남은 살 넘으면 다 삼 삼아요. 그때 안 배와노믄 배왈 수가 없거든요. 여남은 때부터 삼 삼고, 인제 스무살 때부터 베날고(날기), 또 베 짜서 먹고살고 그랬지. 전에는 촌에서 이거 안하믄 못살아요. 촌에서 어데 돈 나오는 데가 있나."

이야기의 꼬투리를 살짝 비틀어 베 짜는 과정이 어떻게 되느냐고 묻자, 그제서야 할머니는 말꼬리를 돌려 베 짜는 순서를 조목조목 이야기하기 시작한다. 할머니에 따르면, 삼베일이란 제일 처음 삼씨를 뿌리는 것에서 비롯된다고 한다.

"삼 심을래두 허가가 있어야 해요. 나는 인제 이 나이에 삼 갈아봤자 해댈 수가 없어요. 삼을 갈아놓구 나면 삼밭에서 또 지키요. 대마초 하는 사람 가지갈까 봐, 그러지."

삼 삼을 때 필요한 톱개. 톱개는 나무 손잡이에 쇳날을 달아 삼 껍질을 훑게 만든 도구다.

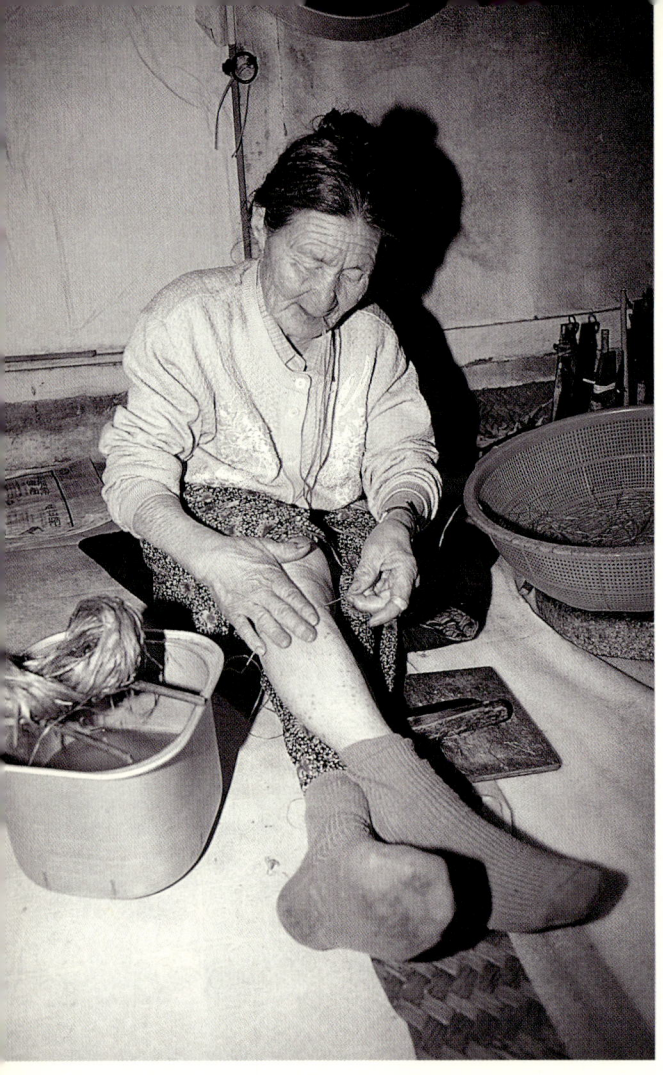

조계옥 할머니가 삼을 삼고
있다. 삼 삼을 때는 앞니로
삼을 '째겨' 한올 한올 실을
내서 무릎에 놓고 잇는다.

삼농사란 것이 워낙에 힘든 일이
고, 감시를 소홀히 할 수 없는 일이
므로 집안에 남자가 없으면 할 수 없
는 일이다. 또 대마는 물빠짐이 좋은
고지대의 모래흙에서 잘 자라는데,
산중에서 그런 땅을 찾기도 쉽지가
않다. 해서 하반천에서는 대부분 옛
날부터 삼베로 유명한 하장면 갈전
리에서 삼껍질을 사다가 쓴다.

삼척에서는 보통 음력 삼월 보름
께 삼씨를 뿌려 오뉴월에 김을 매고,
칠월에 삼을 벤다. 이렇게 베어낸 삼
대는 '삼굿' (삼을 쪄내는 가마)에
넣고 쪄내는데, 삼을 쪄낼 때는 물가
에 구덩이를 파고 불을 땔 수 있는
구멍을 따로 내어 만든다.

삼을 찌는 과정은 우선 2미터 정도로 둥그렇게 구덩이를 판 다음, 주춧
돌을 놓듯이 돌을 중간중간 놓고, 돌 위에 통나무를 걸쳐 삼대를 얹어놓
은 뒤, 그 위에 풀이나 소나무 가지를 베어다 덮는다. 통나무 아래에는 어
느 정도 나무를 채우고 나서 그 위에 주먹돌만한 돌을 올려놓고 불을 때 돌
을 달구는데, 이때 돌이 다 달구어지면 흙을 가져다 돌 위에 퍼붓고 꼬챙이
로 여기저기 구멍을 낸다. 그 구멍에다 물을 붓고 덮는 것을 반복하면, 돌
에서 나오는 김으로 삼이 쪄지게 되는 것이다.

이렇게 다 쪄낸 삼대는 껍질을 벗긴 다음 한꺼번에 묶어서 응달에 걸어 말리며, 삼이 노랗게 빛이 나게 되면 15~20일 정도 마를 때까지 놔두었다가 커다란 실뭉치처럼 뭉치를 만들어 넣어둔 뒤, 동지섣달에 꺼내서 삼을 삼게 된다. 삼을 삼는다는 것은 톱개(나무 손잡이에 쇳날을 달아 삼 껍질을 훑는 도구)로 삼 껍질을 훑은 뒤, 앞니로 삼을 '째겨' 한올 한올 실을 내서 잇는 과정으로 매우 중요한 과정이다. 삼 삼는 일이 끝나면 삼실을 돌개지에 돌려 삼꾸러미를 만들어놓았다가 음력 2월 초쯤 가마에 양잿물을 풀어 담금질을 한다.

"이게 불 넣구 통에다 쪄서 껍질 벗겨야지, 째겨야지, 돌개지에 돌려가지구 또 양잿물에 넣어 이개가지구 다시 물에 불콰야지. 하이고 잔손이 말도 못해요."

삼을 삼아서 만든 실뭉치. 보통 실뭉치의 크기는 배구 공만하다.

남기옥 할머니가 실뭉치를 물레에 걸어 실을 잣고 있다 이렇게 나온 삼실로 실꾸리를 만든다.

*김진순, 삼척 민속지 1 『"산이 산중이지 사람조차 산중이냐"』(삼척문화원, 1997), 36~37쪽. 본문 삼베 짜기 과정 중 일부 내용은 위 책의 「삼베 만드는 법」에서 부분 인용 또는 참조한 것임.

할머니에 따르면 돌개질은 음력 정월 보름쯤부터 10~15일 정도 돌리고, 잿물 이기는 데는 열흘 정도의 시간이 걸린다고 한다. 양잿물로 삶아낸 삼실은 다시 마당에 놓고 마른 재를 훌훌 뿌린 뒤 툭툭 털어 '실굿'이라는 구덩이로 가지고 가서 서숙짚과 재 위에 싸동여 놓는다. 그런 다음 한 3일 정도 지나 찬물에 실을 헹구어낸다. 이는 실에 배인 잿물(잿물이 삼실을 하얗게 탈색시킨다)을 빼내기 위함이다.

이렇게 잿물을 뺀 실은 둥지에 자꾸 눌러담아 친친 동여 묶어놓았다가 바싹 마른 다음 돌개지로 또 한 번 내리고, 음력 4월 그믐께 바람이 불지 않는 날, 베를 난다.

"물에다 헹구었다가 쪽 훑고 하얗게 맹글어서 돌개질을 하고 또 말렸다가 베를 날지. 일이 한도 끝도 없어."

실을 뽑아 베날기를 한 다음에는 삼실에 풀을 먹여가며 베를 매고, 도투마리에 삼실을 감아 베를 짜기 시작한다.* 결국 봄이 되어야 베틀을 돌리는 셈인데, 한 필의 베가 나오기 위해서는 이토록 많은 과정이 숨어 있는 것이다.

보통 베 짜기는 봄부터 여름까지 계속된다. 조계옥 할머니가 한 해에

짜내는 베는 모두 열 필 정도. 옛날에는 부지런히 짜면 하루 한 필도 짰다고 하지만, 지금은 닷새 만에 한 필을 짜기에도 벅차다고 한다.

"옛날에는 늦게 짠다 해도 이틀에 한 필은 짰는데, 인제는 손이 굼뜨잖아. 아침 먹고 저녁때까지 짜도 인제는 옛날만큼 못 짜. 인제 이것두 못 하겠어. 죽을 때 입구 갈 거만 하면 그만이지. 인제 이걸 내년까지는 할까."

하반천에서는 다 짠 베를 동해시 북평장에 주로 내다 판다. 할머니에 따르면 돈푼께나 있는 사람들은 아직도 저승 갈 때 입으려고 강포(강원도에서 나는 삼베를 예부터 강포라 하여, 수의용으로는 최고로 쳤다)를 많이 찾는다고 한다. 해마다 삼베값은 들쭉날쭉이지만 보통 시장에서 거

댓잎에 말아놓은 실꾸리.
물레 가락을 댓잎으로 싸서
그 위에 실을 감은 것이다.

남기옥 할머니가 실꾸리를 돌개지(돌곳)에 걸어 실타래를 만들고 있다.

래되는 가격은 한 필에 20~35만 원 정도 간단다. 베 한 필만 놓고 보면 왜 이리 비싸냐고 하겠지만, 겨울부터 여름까지 베 한 필에 들이는 정성을 생각하면 오히려 '헐값'이나 다름없다.

그래도 할머니는 이 일밖엔 달리 할 일이 없다고 말한다. 배운 게 베틀질이라고 63년 동안 삼을 삼아왔으니, 왜 아니겠는가.

"인제는 다리도 아프고, 앉아 있지를 못해요. 그래도 먹고살라믄 해야지. 농사 쪼금 하기는 하지만, 이런 거 안하고 사는 사람이 을매나 있겠나. 사람 사는 게 다 그렇게 사는 기지 뭐."

요즘도 할머니는 삼 삼을 때가 되면 어김없이 새벽 네시쯤에 일어나 버릇처럼 삼실을 입에 문다. 그저 입고나 살자고 시작한 것이 어느덧 먹고사는 것이 되었고, 평생 하다보니 이제는 삼삼는 것도 습관이 돼버렸다. 하지만 점점 눈도 침침해져 얼마나 더 오래 삼실을 잡고 있을지는 알 수가 없다. 다만 이제껏 베틀을 동무 삼아 살아온 것처럼 좀더 오래 삼베짜기와 함께하기를 바랄 뿐이다.

94

남기옥 할머니, 열일곱 살부터 베틀에 올랐다

　삼베 하면, 모두들 안동을 떠올리지만 삼척 삼베(강포)도 안동 삼베(안동포)의 품질에 결코 뒤떨어지지 않는다. 오히려 옛날에는 강포를 더 쳐주던 시절도 있었다. 삼척에서는 예부터 미로면 고천리와 노곡면 상반천, 하반천과 더불어 하장면 갈전리를 알아주는 삼베마을로 꼽아 왔는데, 그 가운데서도 갈전리를 으뜸으로 꼽았다. 물론 지금까지도 갈전리는 인근에서 알아주는 삼베마을로 통한다. 삼베마을로 불리는 이곳 갈전리에도 63년 동안이나 삼베일을 했다는 할머니가 한 분 계시다. 올해 일흔여덟 살의 남기옥 할머니.

　때는 겨울이 다 지나고 꽃 피는 봄이 와서 한창 베틀소리가 문밖으로

조계옥 할머니가 돌개지를 돌리는 중에 끊어진 실을 잇고 있다.

조계옥 할머니가 베를 짜고 있다. 예부터 강원도에
서 짜는 베는 강포라 하여 알아주는 베로 통했다.

남기옥 할머니가 돌개지를 돌려 만든 실타래를 빨랫줄에 널어 말리고 있다.

새어나올 무렵에 우리는 갈전리를 찾았다. 집집마다 빨랫줄에 삼실이 널려 있는 독특한 갈전리의 봄 풍경 속을 달려 할머니 댁 마당으로 들어서자 역시나 빨랫줄에 치렁치렁 실타래가 널려 있었다. 봄볕을 받은 실타래는 수줍은 여인네의 속살처럼 뽀얗고 정갈했다. 빨래처럼 널린 실타래를 구경하며 마당에서 수차례 인기척을 해보는데, 집 안에서는 좀처럼 내다보는 이가 없다. 하는 수 없이 문을 열고 들어가니 호호백발의 노인네 한 분이 부테허리를 하고 베틀에 올라앉아 베를 짜고 있었다.

우리가 베틀 가까이 다가가서야 옆에 누가 온 것을 알아챘는지, 할머니는 베틀에서 힘겹게 내려와 낯선 손님을 빤히 쳐다보았다. "마침 댁에 계셨네요?" "우리 아덜은 회관에 갔는데!" "아드님 말고, 할머니 만나러 온 거예요." "뱁은 먹었소? 지끔 아덜이 없어서." 알고 보니 할머니는 귀가 좀 어두운 편이었다. "내가 귀가 어둥쭝해가지구 잘 들지럴 못해." 때문에 조용한 방 안인데도 화난 사람처럼 목소리를 높여야 했다.

할머니가 처음 삼베일을 시작한 것은 열다섯 살 때라고 한다. 처음에는 그저 삼을 삼기만 하다가 열일곱 살이 되면서 본격적으로 베틀에 올라앉아 베를 짜기 시작했단다.

"열다섯 살 때부터 하는 기 여적지 하지 뭐. 옛날에는 다 이거 했어. 겨울에는 광목으로 옷 해입구, 여름에는 삼베로 해입었잖아. 요즘에는 혼차

하면 한해 여남은 필밖엔 못해요. 작년에는 열네 필 낳는데, 죽 삼으면 열 필 더 삼긴 해. 옛날에는 하루 한 필두 짜구, 이틀에 한 필두 짜구 그랬는데, 인제는 나두 늙어서 뭐."

할머니에 따르면 이 동네에서는 집집마다 삼을 삼느라 여자들은 젊은 시절부터 앞니가 성하지 않았다고 한다.

"이게 처음에 배울 적에야 힘이 들지 배워놓으면 어려울 것도 없어. 시방 뭐 환갑 밑에 나이 또래들도 다덜 잘 짜요. 우리 미느리가 올해 마흔일곱인데, 베 짜서 상도 타오고 그래요. 잘 짜는 사람덜은 삼척 가서 상도 타오는 모양이요. 옛날에는 잘 짜는 사람들 삼베 놔가지고 광목으로 바꺼다 옷해 입고 그기 단데. 그때 베 한 필에 5원 주고 팔고 그랬던 적도 있어."

베 짜는 사람이면 다 마찬가지겠지만, 농사철이면 농사는 농사대로 하고 밤이 되면 또다시 쉴 새도 없이 베틀에 올라야 했다. 비가 많이 와 들에 나갈 수 없는 날도 영락없이 베 짜는 날이었다.

"내가 지끔 허리가 아파서 삼끈 꿸 때도 간신히 꿰요. 힘들구 말구지. 옛날에 내가 밭만 안 갈아봤지, 다 했어. 안한 게 없어."

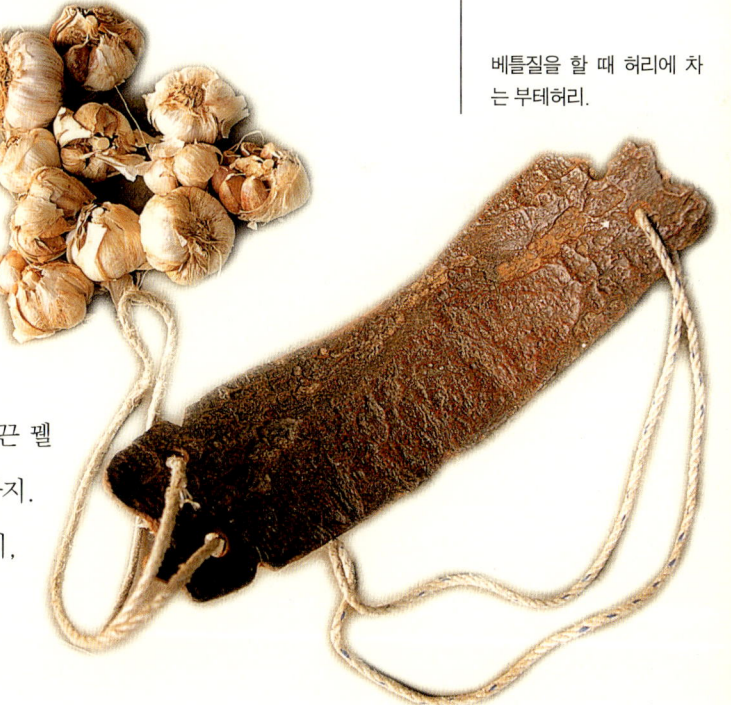

베틀질을 할 때 허리에 차는 부테허리.

스무살 때 시집와서 서른세 살 때 홀로 된 뒤로 지금까지 할머니는 온갖 고생 속에서도 베틀을 놓은 적이 없다. 이렇게 해서 베를 짜놓으면 갈전리에서는 때맞춰 베장사가 들어와 사간다고 한다. 물론 옛날에는 삼베가 생활에 꼭 필요한 옷이었지만, 지금은 대부분 수의(壽衣)로 나간다.

　앞에서도 말했듯 갈전리는 예부터 삼베 하면 인근에서 으뜸으로 치는 마을이었다. 무엇보다도 이곳이 사질 토양이라 대마 재배에 적합한 땅을 갖고 있었기 때문이다. 하지만 갈전리도 옛날의 갈전리가 아니다. 지금은 모두들 소득도 별로이고, 재배가 까다로운 대마농사를 꺼려하고 있다.

　"우리두 해마둥 마이 갈았는데, 심이 들어서 올핸 안 갈았어요. 삼값은 없구, 내년에는 묵은 삼이나 갈아야지 뭐. 여기가 삼 하면 원래 본토배기요. 헌디 이젠 모두 안할라 한다 이기요."

　삼베마을의 오랜 전통이 무너지고 있는 것이다.

　씁쓸한 마음에 할머니에게 베틀노래나 한 소절 불러달라고 하자, 할머니는 엉뚱하게도 "종금 종금 종금새야. 어데서 자고 왔노."로 시작하는 정선아리랑 가락을 구절구절 멋드러지게 불러제꼈다. "정선아리랑 말고, 베틀노래요, 할머니." 그러자 할머니는 다시 숨을 골라 베틀노래로 가락을 바꾸었다.

　　베틀다리 네다리요
　　처녀다리 두다리요
　　합쳐노니 육다리라
　　이앵대는 삼형제요
　　눌림대는 독신이요

100

여기까지 부르고 나자 할머니는 더는 숨이 차서 부를 수가 없다며, 손 사래를 친다. 할머니의 부르다 만 베틀노래를 듣고 밖을 나와보니, 어느 덧 해 넘어간 하늘에 붉고 노란 저녁놀이 번지고 있었다. 그리고 내 마음 속에는 할머니의 부르다 만 베틀노래가 시르렁시르렁 이어지고 있었다.

기행수첩

조계옥 할머니가 사는 삼척 하반천리로 가려면 영동고속도로와 동해고속 국도를 이용해 동해까지 와서 7번 국도를 타고 삼척까지 간다. 삼척에서 다 시 38번 국도를 타고 미로면을 지나 조금 더 가면 왼쪽으로 상반천과 하반천 으로 가는 424번 지방도가 나온다. 하반천에서도 조계옥 할머니가 사는 집 은 개울 건너편에 있는데, 다리를 건너가면 보이는 집이 할머니가 사는 집이 다. 남기옥 할머니가 사는 갈전리는 삼척에서 38번 국도를 타고 가다 미로면 에서 우회전, 424번 지방도를 타고 댓재를 넘어 35번 국도로 바꿔 탄다. 35 번 국도를 따라가다 보면 댐이 있는 광동이 나오고, 광동에서 조금 더 가면 424번 지방도와 만나는 삼거리가 나오는데, 여기서 35번 국도로 직진해 가면 바로 갈전리에 닿을 수 있 다. 정선에서 424번 지방도를 타고 화암(동면)까 지 와서 동해 방면쪽으로 새로 생긴 도로를 타고 가다 35번 국도로 우회전해 가는 방 법도 있다. 삼척에서는 예부터 하장면 갈전리가 삼베를 가장 많이 해왔으

잿물에 이겨 담금질을 끝내 면 누렇던 삼실은 하얗게 변한다. 북 안에 든 실꾸리 가 하얗다.

며, 미로면과 노곡면에서도 많은 농가가 삼베를 해왔다. 정선에도 동면 호촌리 풍촌마을에서 삼베를 하는 농가가 많아 삼베마을로 불린다.

- 조계옥(73, 강원도 삼척시 노곡면 하반천리, 033-573-2574)
- 남기옥(78, 강원도 삼척시 하장면 갈전리, 033-552-9186)

잠자리 날개처럼 섬세하고
가벼운 한산모시의 맥을 잇는다

나상덕

모시장이

나상덕 씨가 모시밭에서 모시풀을 살펴보고 있다.

충남 서천군 한산면에 이르자 곳곳에 날개를 활짝 편 잠자리 그림이 유독 눈에 띈다. 심지어 버스정류장을 알리는 표지판에까지도 잠자리가 그려져 있다. 갑자기 나는 잠자리에 대한 궁금증으로 그림을 살펴보게 되었는데, 드디어 잠자리 꼬리 부분에서 해답의 실마리를 찾을 수 있었다. 거기에는 '한산 세모시'라 쓰여 있었던 것이다. 잠자리와 세모시. 흔히 여름철 옷감으로 으뜸인 한산 세모시를 가리켜 '잠자리 날개처럼 섬세하고 가볍다'고 한 데서 '잠자리'가 상표로 등장하게 된 것이다.

예부터 한산 하면 모시, 모시 하면 한산을 첫손에 꼽았다. 그 까닭은 색깔이 백옥처럼 희고 맑으며, 올이 가늘고 짜임이 고를 뿐만 아니라 아무리 빨아 입어도 빛이 바래지 않고, 윤기가 돌아 항상 새옷 같은 느낌을 주기 때문이다. 본디 천연섬유인 모시는 합성섬유에 비해 통풍성과 땀 흡수력이 뛰어나며, 질감이 깔깔해 무더운 여름에 오히려 옷을 입지 않은 것보다 더 개운함과 시원함을 느낄 수 있게 해준다. 바로 그 여름옷의 대명사 모시, 모시 가운데서도 잠자리 날개처럼 투명한 피륙을 만날 수 있는 곳이 한산이다.

모시로 유명한 곳답게 한산에는 모시 짜는 사람을 흔하게 만날 수 있다. 하지만 정말로 솜씨 좋은 사람을 만나기란 그리 쉽지가 않다. 한산면 동산리에서 만난 나상덕 씨(69)는 바로 그 흔치 않은 분 중에 한 분으로, 한산에서도 모시 잘 짜기로 널리 입소문이 난 분이다.

나씨의 집에 들어서자 예상했던 대로 잘그랑잘그랑 베틀 소리가 마당으로 새어나온다. 소리가 나는 곳을 따라가 보니, 뜻밖에도 지하실이다. 밖에서 인기척이 들리자 그는 빼꼼 지하실 문을 열고 나와본다. 베틀 하나 간신히 들어갈 만한 비좁은 공간. 거기에는 나씨가 짜다 만 희고 뽀얀 여인네 살결 같은 피륙이 고운 자태를 드러내고 있었다.

나씨에 따르면 모시는 습기가 있는 곳에서 짜야 하는데, 베틀을 지하실에 두는 까닭도 그 때문이란다. "건조하면 실이 자꾸 끊어져유. 습기가 있이야 혀. 그래야 모시가 잘 배기구 쫑쫑이 짜져유. 말르게 짜면 거칠구 떨어져 쌓구, 습해야 미끄럽게 짜져유. 옛날에 지하실 없을 띠는 풀을 쳐다가 베틀 밑에 깔구 보재기루 다 물을 축여 베틀 우에다 덮구 그랬어유. 지끔이야 가습기가 있지만, 그띠는 어디 그런 게 있나유."

볕에다 바래기를 끝낸 태모시.

옛날에는 때때로 마루밑을 파내고 그 안에 베틀을 들여 짜기도 했단다.

"모시 맬 때두 봄철이가 젤 말러서 매기가 어려워유. 봄에 맬 직에는 실이 건조해지지 말라구 콩물에 소금을 타서 풀을 멕여유. 인제 하지가 넘으면 소금 안 넣어두 부드러워지쥬. 삼복더위 때가 덥기는 해두 짜기는 그 때가 젤루다 편해유."

모시짜기와 함께한 50년. 나씨의 인생을 한마디로 표현하면 그렇다. 그가 처음 모시를 짜기 시작한 것은 꽃다운 열여덟 살 때였다고 한다. 처녀 때 친정 이모한테 베틀을 배워서 시집을 왔다는 것이다.

태모시 벗기기. 태모시는 모시풀에서 벗겨낸 속껍질이다. / 맨 위

나씨가 입으로 모시째기를 하고 있다. 실이 고르게 나오느냐의 여부는 여기에서 결정된다. / 위

"그띠는 집집마두 살기가 어렵잖이여. 그래 장날마두 모시 짜서 내다 팔구 그랬쥬. 농사는 숭년이지, 지끔처럼 남자덜이 나가서 버는 것두 없구, 순전히 여자덜이 모시 혀서 양식두 팔아먹구 집에두 쓰구 그랬어유. 아이구 고상 고상, 그런 고상이 없어유. 밤새다락 마당에다 자리 피구, 지끔처럼 어디 전기나 있나, 쪼만한 개미불만한 등잔불 키놓구서나 밤이슬 맞아가며 삥 둘러앉아 모시 허구. 대목에는 새북까지 잠두 안자구 모시 했어유. 모시 한 필 내기 다 하면 장에 가 팔구유. 아이구, 지끔덜은 너머 호강시럽구 편치."

106

'모시삼기. 모시 가닥을 '쩌지'에 걸고
한올 한올 빼어 무릎에서 실잇기를 한다.

나씨가 무릎에 실을 놓고
실잇기를 하고 있다.

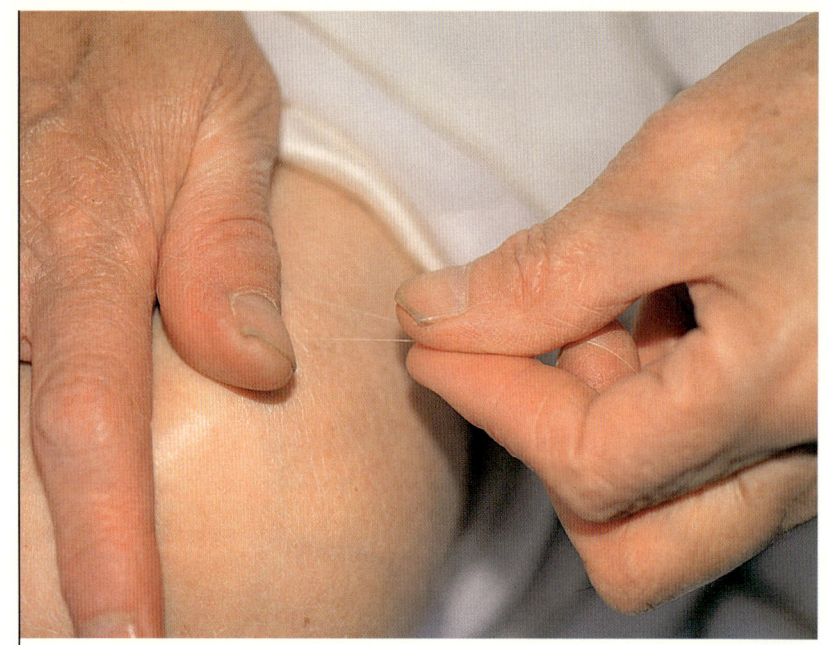

3남 2녀 슬하의 자식들도 다 모시 팔아 공부시키고, 시집 장가 보냈다. 애들 학비 하랴, 생활비 하랴, 그의 하루하루는 모시로 시작해서 모시로 저물었다고 해도 지나친 말이 아니다. 닷새마다 돌아오는 한산 모시장(1일, 6일)에 매번 한두 필씩은 내다팔았다고 하니 적어도 한 달에 다섯 필씩은 짰다는 얘기다. 그렇게 1년이면 60필. 그 노릇을 50년 넘게 했으니 지금껏 300필 가까이 짰다는 얘기가 된다.

"이젠 아주 삭신이 아파 죽겠어. 기계도 낡으면 녹나드기 어깨 결리구 허리 아프구. 그래두 요시는 펜한 개량틀로 짜니께 들 심들지. 옛날 틀은 허리두 더 아프구 훨씬 더 불편했어유."

그나마 고생이 조금 풀린 것은 그의 모시 짜는 솜씨가 입에서 입으로 알려지던 70년대 중반부터라고 한다. 그가 지방 무형문화재로 지정된 것

108

도 그 무렵이다.

워낙에 손 솜씨가 좋은지라 지금도 그는 모시를 내려 시장에 나가면 되가져오는 일이 절대로 없다. 읍내에서 만난 한 상인은 그가 짠 모시를 가리켜 "올수는 같아도 머리카락같이 실이 가늘고 고와"서 값이 더하다고 말했다. 한마디로 피륙의 직조가 남들과 틀리다는 것이다. 그는 이 고운 모시를 대부분 한산장에 내다팔지만, 주문을 받아 짜기도 한다. 물론 모시의 재료가 되는 '태모시'는 한산장에서 구입해 온다. 이 태모시가 바로 세모시로 탈바꿈하는 것인데, 모시짜기의 출발도 애당초 '태모시'에서 비롯된다. 태모시란 두말할 것 없이 모시풀*에서 벗겨낸 속껍질을 말한다.

"모시풀이 꼭 깻잎처럼 생겼어유. 이파리는 짝 훑어내구 밑이를 바짝 짤라서 겉껍질은 벳겨내구, 속꺼풀만 가지구서 인저 태모시를 맨들어유. 대가 가늘은 놈이 좋지, 너머 굵으면 안 좋어유. 옛날에는 그 이파리루다 송편두 혀먹구 그랬는디, 이게 떡 해노면 쫄깃거리구 맛있어유."

나씨에 따르면 올해는 비가 별로 오지 않아 예년에 비해 모시가 덜 자란 편이란다. 보통 모시밭은 기온이 높고 습기가 많은 곳에 자리하고 있으며, 뿌리쪽 줄기가 황갈색으로 변하면서 2 미터쯤 되면 밑동을 잘라서 태모시를 만든다. 모시풀은 한 번 자르면 또다시 순이 나와 세 번까지도 자르는데, 6월, 8

*한산 지역에는 모시풀에 대한 다음과 같은 전설이 전해오고 있다. 옛날(신라 시대쯤) 한 노인이 '건지산'에 약초를 캐러 갔다가 지금의 모시풀을 발견했다고 한다. 보기에 깨끗하고 키가 커서 노인은 그 껍질을 벗겨보았던 모양인데, 그 껍질이 보들보들하여 노인은 이것으로 실을 뽑아 베를 짰다고 한다. 한산 모시가 바로 여기에서 비롯됐다는 것이다. ─문화재연구회, 「한산 모시짜기」, 『중요무형문화재』(대원사, 1999) 37쪽에서 참조.

실잇기를 해서 나온 모시굿. 24미터가 한 굿이 된다.

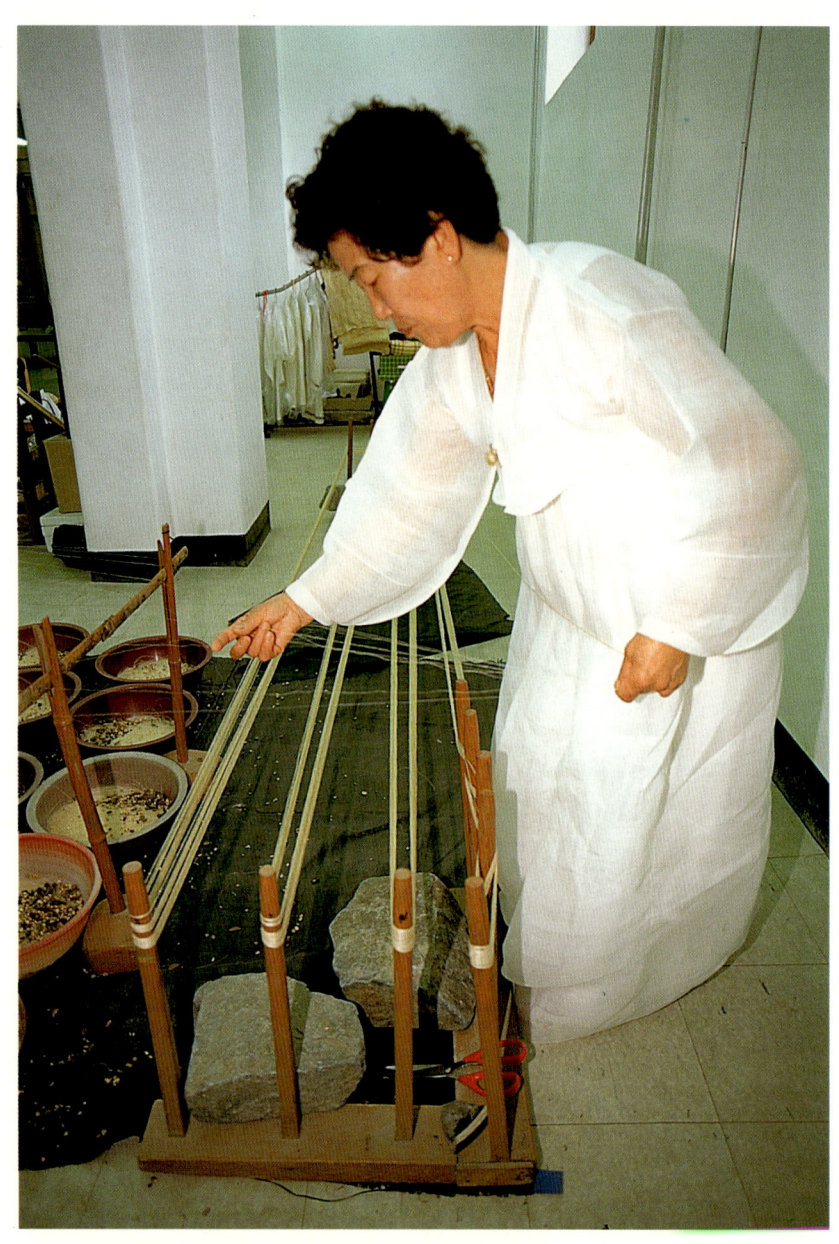

모시날기. 열 개의 모시굿에서 실을 뽑아 날실의 올 수를 맞춘다.

월, 10월에 자르는 것이 보통이다.

이렇게 자른 모시풀에서 생산되는 태모시는 물에 적셨다가 말리는 '바래기' 과정을 너댓 번 정도 해야 색이 하얗게 되고, 불순물이 빠져 하얀 모시 섬유 노릇을 할 수 있게 된다.

"태모시를 이래 모다가지구 마당에다 싹 피놓구서나 물을 끼얹었어유. 말른 다음에 또 끼얹었으구 끼얹었으구 그러면 낭중에는 보얀하게 바래져. 그럼 그놈을 다시 물에 적셔 쪼그맨썩 입으로 다 째유."

사실상 모시의 품질은 이 모시째기 과정에서 결정되며, 실이 고르게 나오느냐의 여부도 여기에서 결정된다.

째기가 끝나면 모시 가닥을 한 뭉치씩 '쩐지' (전지)라는 버팀목에 걸어놓고 한올 한올 빼어 무릎에다 놓고 실잇기를 하는데, 이것을 '삼는다'고 한다.

"실을 이어서 24미터씩 한 굿을 만들구 모다 열 굿을 만들어가지구 인저 날틀에 걸어 날어유."

모시날기를 할 때는 먼저 열 개의 모시굿에서 뽑아낸 실마리를 '젖을대' (좆을대라고도 하며, 가로대에 구멍을 열 개 정도 내서 모시올을 뽑는다) 구멍으로 빼내 한 묶음(열 올이 한 모심)으로 하여 날틀(말뚝)에 건다. 그 다음 한 필의 길이만큼 날실의 길이를 맞추

모시매기. 콩풀을 베솔에 묻혀 이음새를 매끄럽게 하고 나서 도투마리에 감는 과정이다.

고, 새수에 따라 날실의 올수를 맞춘다. 한 새에 80올이니, 아홉 새 모시를 짜려면 날틀 사이를 720번 왔다갔다해야 한다.

날기가 끝나면 매기로 들어가는데, 날실을 새에 맞게 바디에 한올한올 끼워 한쪽 끝을 도투마리에 매고 다른쪽 끝은 풀리지 않도록 '끌개'에 감아 고정시킨 후, 베솔에 콩풀을 묻혀 날실에 골고루 풀을 먹여 실올의 이음새를 매끄럽게 하면서 도투마리에 감는다. 이때 모시매기를 하는 바닥에는 콩풀 먹인 날실을 말리기 위해 왕겻불을 피운다.

"이게 안 매면 거칠어서 못 써유. 그렇게 다 매서 도투마리에 감긴 놈을 가지구 인제 베틀에 올려놓구 짜면 되는 거유."

짤 때 가장 조심해야 할 것은 역시 앞에서도 밝혔듯 습도를 조절하는 일이다. 공기가 건조하면 날실(바디에 거는 실이 날실이고, 북에 넣는 실꾸리가 씨실이 된다)이 툭툭 끊어지기 때문이다. 그래서 옛날에는 '모시움집'이라 하여, 약 60센티미터 정도 땅을 파서 지하에 따로 모시 짜는 방을 두기도 했단다.

씨줄로 사용할 꾸리감기. 모시굿 열 개가 한 필이 된다.

"암것두 안코 짜면 그 전에 젊었을 띠는 삼일이면 다 짰어유. 근데 지끔은 놀아가며 닷새두 짜구 그리유."

이렇게 짜낸 모시 피륙으로 옷을 해 입을 때는 풀을 한 번 먹인 뒤에 입어야 한다.

"모시 입으면 통풍이 잘 되게 시원하구, 개볍구, 땀이 안 차유."

112

하지만 시중에 나와 있는 모시가
모두 한산에서 나온 것은 아니다.
요즘에는 중국산 모시가 적잖게 시중
에 나돌고 있다. 한산모시가 필당
20~70만 원 정도 하는 반면, 중국모시는 4~7만
원으로 싼 편이어서, 싼맛으로 중국산 모시를 찾는
이들도 있으나, 품질에 있어서는 엄청난 차이가 난다.
우선 직조상태를 보면, 중국산은 바닥이 고르고 섬세한 한산
모시에 비해 거칠고 매듭이 많다. 또 한산모시의 올이 가늘고 매끈
한 것에 비해 중국산은 굵고 이음새가 많다. 옷감의 질감에서도 한산
모시는 깔깔하면서도 윤기가 있어 10년 이상을 늘 새것처럼 입을 수 있는
반면, 중국산은 윤기가 없으며, 한번 입고 나면 축 늘어지거나 찢어지기
쉬워 오래 입기가 어렵다.

다 짜내 염색까지 마친 모시
옷감.

　전하는 바에 따르면, 모시풀을 원료로 한 옷감이 처음 등장한 것은 삼
국시대 때라고 한다. 문헌에서는 신라 경문왕 때 모시를 수출했다는 기록
도 찾아볼 수 있으며, 고려에 이르러서는 직조술이 더욱 발전해 왕은 물
론 백성들도 널리 모시옷을 입었다고 한다. 조선시대에는 수요가 너무 늘
어나 사회적인 문제가 발생하자 중종 17년에 모시짜기를 금지하기도 하
였으나, 한산을 비롯한 몇몇 고을에서 그 명맥을 유지해 오늘에 이르게
된 것이다.

　하지만 화학섬유가 대량으로 생산되던 60년대 말 이후 모시의 수요는
감소하기 시작했으며, 최근 들어 생활 수준이 높아지고 옛날 섬유에 대한
우수성이 밝혀지면서 다시금 모시의 수요가 늘어나는 추세에 있다. 이런

피륙을 짤 때 씨줄로 사용하
는 실꾸리.

추세에 발맞춰 서천군은 지난 1993년 한산모
시관을 개관한 데다 98년부터는 모시문화제
를 열어 한산모시의 우수성을 널리 알리고 있
다. 그러나 아쉬운 것은 한산모시짜기의 전통
을 이어온 분들이 고령화로 하나둘 손을 놓으면서
그 맥을 이어갈 사람들이 그리 많지 않다는 것이다.

"짜기는 짜두 요시 사람덜은 옛날 사람덜처럼 미끄럽게 못해유. 매두
멋없게 굵게 매구유, 그러구 아예 모시 짤라는 사람이 있이야 허는디, 아
가씨덜이 안헝게, 전통을 이어나갈 수가 있이야지. 그게 젤루다 안타까워
유. 지끔 맨드는 사람덜은 자꾸만 죽구."

다행히 나씨에게는 자신을 도와 모시짜기 기술을 익힌 큰딸 박미옥 씨
(42, 후암리)가 큰 힘이 되고 있다. 먼 훗날 큰딸이나마 모시와 함께한
그의 일평생을 소중하게 생각할 것이기 때문이다.

| 기행수첩 |

나상덕 씨가 사는 한산면 동산리로 가려면 호남고속도로 논산 인터체인지
로 빠져 602번 지방도를 타고 연무와 강경을 지나 임천면까지 가서 서천으
로 이어진 29번 국도를 타고 내려간다. 한산면에 이르면 오른편으로 시내 들
어가는 길이 있고, 직진해 가면 한산모시관이 나오는데, 나상덕 씨가 사는
동산리는 이 삼거리 못 미쳐 왼편으로 난 마을길을 따라 농협창고 있는 쪽으
로 들어가면 된다. 기차는 장항선을 타고 서천역(서울에서 4시간)에서 내려

한산까지 오는 버스로 갈아타야 하며, 시외버스도 서울에서 서천(4시간 30분)까지 와서 다시 한산까지 버스를 타야 한다. 숙박은 시내와 모시관 주변에 있는 여관을 이용한다. 한산면 지현리에 자리한 한산모시관은 삼거리에서 직진해 가면 금방이다. 한산모시는 주로 5일장인 한산장(매월 1일, 6일)과 판교장(5일, 10일)에서 유통과 거래가 이루어지지만, 생산량의 80퍼센트 정도가 한산장을 통해 팔려나간다. 모시장은 이슬이 맺힌 새벽에 서기 때문에 모시를 구입하려면 이른 새벽에 장터로 나가야 한다. 한산 장이 서는 전날이면 주변 마을의 모시 짜는 사람들은 한산에 방을 잡아놓고 장터 나갈 준비를 한다. 나상덕 씨 경우에는 요즘 들어 시장 판매보다 주문 제작을 더 많이 한다.

● 나상덕(69, 충남 서천군 한산면 동산리 458, 041-951-3131)

모시짜기. 날실이 감긴 도투마리를 베틀에 올려 씨실이 담긴 북을 좌우로 엮어 짠다.

세모시 직조 과정을 만날 수 있는 한산모시관

　지난 1993년에 개관한 한산모시관(041-951-4100)은 한산 세모
시의 맥을 잇고, 한산모시의 우수성을 널리 알리기 위해 세워진 것으로,
전수교육관, 전통공방, 모시각 등의 시설이 갖추어져 있다. 이 가운데
전통공방에서는 모시풀 재배에서부터 모시짜기까지의 모든 과정을 볼
수 있으며, 전수교육관에서는 모시와 관련된 옛책들과 모시짜기에 필요
한 여러 도구들도 만날 수 있다. 그밖에 길쌈놀이 전수관과 소곡주 제조
장, 가족공원을 비롯한 어린이 놀이터 시설도 갖추고 있어 휴일 가족 나
들이 장소로 제격이다.

"50평 정도 목화 심어서 작년에 50근 정도 땄어요. 50근이면 150자 나와요. 100자에 2~3필 정도니까 3필 반 정도 나오는 거지 뭐."

무명짜기는 바로 이 목화 농사로부터 시작된다. 백씨에 따르면, 목화는 보통 4월 정도에 씨를 뿌려 8월 보름께 거둔다고 한다.

"고우(곡우) 전때물이나 후때물에 심거서 8월 보름께면 다래가 열어. 그래 얼마 안 있으면 이래 한 송이썩 보이요. 그럼 한로물께 다래를 따서 양지바른 데다 말라가지고, 이래 좋고 나쁜 것을 골라요."

이렇게 목화를 선별하는 과정을 여기서는 '명 가린다'고 한다. 명 가리기가 끝나면 다래에서 빼낸 목화솜을 '씨아기'(씨 뽑는 틀)에 넣어 씨를 앗아낸다(솜에서 씨를 분리해내는 것을 '앗는다'고 한다).

씨아기의 생김은 수카락과 암카락이 서로 톱니바퀴처럼 맞물려 있어 그 사이로 솜을 집어넣으면 가락 사이로 솜은 빠져나가고 씨만 밑으로

씨아기로 목화솜과 씨를 분리해내고 있다.

씨를 빼고 나면 '솜활'로 짓눌린 솜을 타서(솜타기 과정) 보송보송하게 만든다.

*솜활은 대나무를 활처럼 구부린 뒤, 삼끈이나 닥껍질로 활줄을 삼는데, 그 원리는 활줄을 퉁기면 그 진동의 힘과 마찰에 의해 밑에 있던 솜이 들러붙고, 잡티나 이물질은 자연스럽게 떨어져나가게 된다.

떨 어 지 게 된다. 이때 기름이나 초를 칠하지 않은 씨아기는 독특한 소리를 내는데, 그 소리가 마치 '삐약 삐약' 병아리 우는 소리 같다.

씨앗기 과정이 끝나면 그 다음엔 가락에 짓눌린 솜을 타서 보송보송하게 만드는 '솜타기' 과정이다. 솜을 탈 때는 대나무로 만든 솜활*(활줄은 닥껍질을 꼬아 만들거나 삼끈으로 한다)을 이용하며, 헝겊을 왼손에 쥐고 활줄을 퉁기면 밑에 깔려 있던 솜이 활줄에 달라붙으며 보송보송 피어난다.

"솜을 탈 때는 축축한 땅 위에서 해요. 그래야 날아가도 안하고, 잘 타져요. 솜이 빼짝 마르면 잘 안 타져요."

그래서 일부러 아침이슬을 맞힌 뒤 녹녹해졌을 때 솜을 타기도 한다. 솜타기가 끝나면 여기서 나온 솜으로 고치말기를 한다. 솜활로 탄 솜을 대나무 '말대'에 만 다음, 말대를 뽑아내면 고치 모양의 솜이 되는데, 이

122

것이 '고치말기' 과정이다.

그 다음은 실잣기로, 이렇게 완성된 솜고치의 한 끝에서 실올을 뽑아내 가락옷(가락에 감는 대나무잎)에 감아놓고 물레를 돌린다. 이때 왼손으로는 솜고치를 잡고 오른손으로는 물레를 돌리는데, 그때마다 고치에서 실이 빠져 가락에 감기게 된다. 가락 하나에 감긴 실뭉치가 '한 꾸리'가 되며, 무명 한 필을 짜려면 수십 꾸리(뎅이)의 실뭉치가 필요하다.

여기서 무명짜기의 준비가 다 끝난 것은 아니다. 피륙을 짜기 위해서는 '실뽑기'와 '베날기'의 과정이 더 남아 있다. 실을 뽑을 때는 열 가락씩 실꾸리를 꼽을 수 있는 '날틀'에 실뭉치를 걸어 열 올의 실을 만들어 빼

솜타기가 끝나면 대나무 '말대'에 솜을 말아 고치를 만든다.

한쪽에서 목화를 고르는 동안 한쪽에서는 물레로
실을 잣고 있다. 요즘 보기 드문 풍경이다.

백문기 씨가 솜고치에서 실
마리를 뽑아 물레를 돌리고
있다. 실뭉치를 만드는 과정
이다.

낸 뒤, 그것을 한 필의 길이와 새에 맞춰 베날기를 한다.

　이는 삼베나 모시와 다를 바가 없다. 여기서 '새'란 옷감의 촘촘함과
짜임새를 나타내는 날실의 올수를 말하는데, 날틀에서 실을 뽑아 '걸틀'
(실을 거는 틀)을 한번 돌아 날틀까지 오면 20올, 두 번 돌면 40올이 되
며, 이렇게 네 번을 왔다갔다해서 80올이 되면 한 새가 되는 것이다.

　무명의 짜임새는 바로 이 새에 따라 결정되는 것으로, 새가 많을수록
올이 가늘고 피륙이 고와 상등품이 된다. 보통 무명은 7새에서 12새까지
짜는데, 백씨가 주로 짜는 것은 열한 새짜리라고 한다. 베날기가 끝나면
바디(촘촘이 살을 박은 대나무틀)의 구멍에 날실을 끼워 풀을 멕이고 도
투마리(날실을 감는 널판지)에 감는 베매기 과정으로 들어간다.

　보통 베매기를 할 때는 풀칠하는 사람, 날실을 잡아주는 사람, 도투마

리에 실을 감는 사람 등 기본적으로 세 명이 필요하다. 베매기를 끝으로 무명짜기 준비는 일단락이 된 것이다.

하지만 이제부터는 가장 오랜 시간과 정성을 투자해야 하는 베틀 작업이 기다리고 있다.

"보통 12월 말경부터 짜기 시작하지. 옛날에는 마 내복도 없지, 난닝구도 없지, 그러니 이거 모다가지고 설옷도 해 입고 시장에 갖다 팔고 안했습니꺼. 들일 안하면 맨 이것만 했지요. 이걸로 논 사고, 애들 공부 다 시키고 시집갈 때 이불 다 해주고 그랬다카이."

한창 무명을 짜던 무렵, 백씨는 겨우내 여섯 필 정도를 짰다고 한다. 허리가 끊어지도록 베틀에 앉아 보내는 고생스러움에 비하면 턱없이 적은 소득이었던 셈이다.

베날기를 하기에 앞서 날틀에 실뭉치를 열 가락씩 걸어 실을 뽑는다.

형님인 조옥이 씨가 시어
머니로부터 명주를 배웠다
면 백문기 씨는 조씨에게 무
명과 명주짜기를 배웠다.

"열일곱에 결혼해 와가 보
니까 맏동서가 이걸 그래 잘
하시대요. 이래가지고 내가
기죽어 우예 살까 싶어. 근
데 이 형님이 마 잘 가르쳐
주시드만. 그래 이래 하는
거 자꾸 보니까 하겠대요."

마지막 과정인 무명 짜기
과정. 가장 오랜 시간이 걸
리는 과정이다.

백씨는 올해로 56년째 무명짜기에 매달려 오고 있다. 그러는 동안 세
월이 변해 기계로 짠 면사가 시중에 마구 쏟아져나오면서 무명 짜던 사람
들은 하나둘 베틀을 걷어치웠다. 이제는 전국적으로 나주의 샛골나이와
두리실 무명만 남았다고 해도 지나친 말이 아니다.

"이 편할라카는 세월에 누가 이거 하겠습니꺼. 돈도 안 돼지, 하기도
어렵지. 그래도 마 이게 내는 재밌어서 이래 하고 있어요."

어쩌면 그런 재미도 하나의 복이라는 생각이 든다. 어느덧 해가 저물어
사위가 어두워졌는데, 이제 집에 가야겠다는 우리를 불러앉혀놓고 백씨
가 두리실 베틀노래 한 소절을 들려주겠단다. 그 노래는 생각보다 꽤 길
었다.

툇마루에 함께 나앉은 조씨와 또 다른 동서인 이규종 씨도 어디 한번
오랜만에 베틀노래나 들어보자며 손뼉을 친다. 귀를 쫑긋 기울여 베틀 노

128

래를 들고 있자니, 그 옛날 어머니가 입던 무명저고리처럼 바래가고 있는
해거름 두리실 산빛이 그지없이 살갑고, 푸근하기만 했다.

　　　큰냇물 — 건너가서 쑥대밭을 쫓아내어

　　　한쪽에는 뽕을심고 한쪽에는 목화심고

　　　뽕잎일랑 누에치고 목화송이 솜을타서

　　　고치고치 새고치를 오리오리 잦아내어

　　　모슴모슴 뽑아내어 무명명주 짜내보세

　　　명주한필 매어노니 베틀연장 전이없네

'북'에다 실꾸리를 넣어 날실 사이를 왔다갔다 하면서 무명을 짜는데, 이는 정교한 과정이면서도 힘든 노동이다.

무명은 다른 옷감과 달리 실이 약해 잘 끊어지는 단점이 있다. 백문기 씨가 끊어진 실을 잇고 있다.

천상으로 올라가서 달가운데 계수나무
동에동쪽 뻗은가지 은도치로 비어내어
옥도치로 잘라다가 대톱소톱 톱질하여
살금살짝 대패질에 우당투탕 모았도다
베틀한쌍 모아노니 베틀놀데 전이없어
좌우를 ─ 둘러보니 옥난간이 비였구나
옥난간에 베틀놓아 앞두다리 동아놓고
뒷다릴랑 낮게놓고 도투마리 얹어놓고
구름에다 잉애걸고 구름명주 짜내보세
안개속에 꾸리삶아 대추나무 북에안겨
앉을개에 앉은품이 양귀비의 넋이로다

짚신일랑 발에걸고 북바디집 마주잡고
부티허리 두른양은 매봉재라 높은봉에
허리안개 두른듯이 휘엉청 — 감돌았다
북이라 — 노는양은 꾀꼬리가 둥지찾아
버들가지 넘나들듯 바디집— 치는양은
해인사 — 절지을제 연목거는 소리로다
잉앳대는 삼형제 — 눈섭대는 홀아비 —
세모졌다 버기미는 올올이 — 갈라놓고
눈섭노리 잠긴양은 강태공이 낚싯대로
위수강에 던지듯이 사치미라 갈린양은
칠월이라 칠석날에 견우직녀 이별하듯

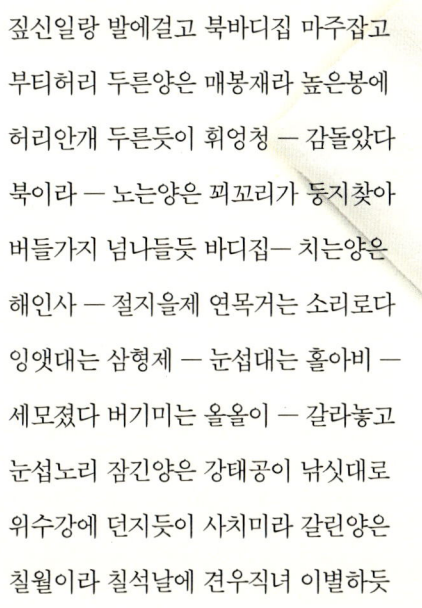

다 짜낸 옷감. 그가 짠 옷감들
이다.

물레를 돌려 완성된 실꾸리. 이것으로 씨실을 삼아 옷감을 짠다.

밀침대 — 디디는양 정든님과 말다툼뒤
그렇지도 않으면서 등을밀어 밀치는듯
가리새 — 저는양은 새벽서리 찬바람에
외기러기 짝을잃고 벗부르는 소리로다
도투마리 노는양은 늙으신네 병일런가
심심하면 누웠으라 누웠다가 앉았으라
절로굽은 신나무는 헌신짝에 목을매고
땅겼다가 물러서면 꼼짝없이 실어간다
말코대에 감은명주 초계청에 새아씨가
은손목을 감추는듯 야금야금 전친발은

남원아전 이방이가 갈지자 ─ 걸음걸이
오뉴월 ─ 삼복더위 명주한필 다짜내니
엿새삼베 고쟁이가 땀주머니 되었도다
액미간에 고인땀은 목밑으로 시내물가
등에서 ─ 솟은땀은 안동포 ─ 낡은적삼
갈기갈기 다적시고 살같이 ─ 되었도다
허리에 ─ 감긴부티 후유하고 풀어놓고
은장도라 드는칼로 어석억세 끊어내어
은척에도 마흔자 ─ 노척에도 마흔자 ─
큰냇물에 빨아다가 앞냇물에 행겨다가
울타리에 고이걸어 대엿새를 바래어다
문경새재 박달나무 홍두깨에 휘감아서
똑딱똑딱 다리미로 곱게곱게 두드려서
임의직령 지어낼세 금가새로 비어내어
은바늘로 폭을붙여 놋다리미 대려내어
줄에걸면 먼지않고 개어두면 실집히고
님에게 ─ 입히자니 서울가서 안오시네
접척접척 곱게개어 삼층장 ─ 자개농에
맵시있게 넣어두네 님아님아 정든님아
왜못오노 왜못오노 산이높아 못오시나
물이깊어 못오시나 답답고도 애들도다.

기행수첩

　백문기 씨가 사는 성주군 본리 두리실에 가려면 경부고속도로 왜관 인터체인지로 빠져나와 33번 국도를 타고 성주까지 와서 성주에서 다시 905번 지방도를 타고 고령 방면 쪽으로 내려가다 보면 용암면 본리가 나온다. 먹을 데와 잘 데는 성주나 대구에 나와 해결한다. 본리에서 대구는 그리 멀지 않다.

● 백문기(73, 경북 성주군 용암면 본2리, 054-932-2146)

무명짜기에 필요한 도구들.
북, 자, 저울, 말대, 베솔.

뽕잎 따서 누에 치고, 누에 쳐서 명주 짜고

조옥이

명주짜이

조옥이 할머니 집앞 마당에
서 자라는 뽕나무. 할머니
가 직접 키우고 있다.

실 크로드(Silk Road) 하면, 아시아 내륙을 동서로 가로지르던 고
대 교역과 문화의 교통로를 뜻하는 말이지만, 본래 이는 중국
의 비단을 서역에 수출하던 데서 비롯되었다. 이른바 비단길. 비단이 서
로 다른 문명의 지속적인 만남과 교류를 가져온 셈이다. 그렇다면 고대부
터 비단이란 옷감의 쓰임새가 그만큼 많았다는 애긴데, 이는 우리 나라도
예외는 아니어서 기록에 따르면, 기자조선과 부여, 예 등에서 이미 비단
을 짜기 시작했으며, 조선시대까지 다양한 직물법이 전승되었다고 한다.

명주는 바로 그 대표적인 비단짜기의 전통이 오늘날까지 이어진 것이
라 하겠다. 우리 옛말에 매우 곱고 부드러운 것을 가리켜 비단결 같다고
한다. 비단보에 개똥이란 속담도 있었으니, 겉은 그럴듯하나 내용은 추잡
하기 이를 데 없음을 뜻한다. 두말할 것 없이 비단은 명주실로 짠 옷감이
며, 명주실이란 뽕잎을 먹고 자란 누에에서 나오는 고치를 가지고 만든
실이다. 이 실은 질기면서도 고와서 예부터 명주실로 짠 옷감은 최고의

옷감으로 통했다. 그런데 지금은 명주를 짜는 사람을 거의 찾아볼 수가 없다. 직물 기술이 발달하면서 비단이란 것이 방직기계로 대량 생산해내는 시대가 됐기 때문이다.

　분명 시대는 변했다. 하지만 아직도 옛날 방식을 고수하며 명주를 짜는 사람이 있다. 경북 성주군 용암면 본리 두리실에 사는 조옥이 할머니(82)가 바로 그 장본인. 할머니를 만나러 집을 찾아 들어가자 마당 한쪽에 텃밭으로 가꿔놓은 뽕나무밭이 먼저 눈에 들어온다. 그가 손수 거름 주고 정성 들여 키우는 뽕나무란다.

　볕이 잘 드는 툇마루에 나뭇결이 살아 있는 서까래, 한마디로 옛빛을 그득 품은 집. 그 고색 속에서 한 할머니가 문을 열고 나왔다. 키도 작고, 얼굴도 작고, 머리는 희끗희끗 서리가 내린 분이다. 인사를 하자 그는 새

명주짜기의 재료가 되는 누에고치.

댁처럼 한손으로 입막음을 하고 수
줍게 웃는다. 웃는 얼굴에 가득 그려
진 명주올 같은 주름살. 이곳에서 할
머니는 말년의 외로움을 명주짜기에
바치고 있었다.

그는 누에를 치는 것에서부터 짜
는 것까지 모든 명주짜기 과정을 돌
아가신 시어머니로부터 물려받았다
고 한다. 열아홉 살 때 시집을 왔으
니 올해로 63년째 명주짜기와 함께
한 셈이다. 물론 할머니가 처음 베틀

누에고치를 삶아 고치가
풀어지면 거기서 실이 나
온다.

에 올라앉은 것은 열다섯 살 때부터니까 무려 67년째 베틀에 올라앉아
있는 셈.

"클 적에 우리 집이 동생들도 많고, 그래서 어머니는 아 키우지, 방아
찧지, 그러니 내가 더러 베 짜느라고 베틀에 올라갔어요. 그거 아이면 배
를 곯는데, 우야꼬. 그래 시집을 와서 명주도 하고, 삼베도 하고, 무명도
하고, 아이고 오만 거 다 했지. 서방님은 일본으로 가서 안 오지. 잠은 안
오고, 지절로 죽어라 명주하는 게 지금까지야. 인제는 나이를 먹어 매진
못하고 짜기만 하지."

명주는 짜는 과정에 있어서 무명과 거의 다르지 않다. 다만 명주가 누
에고치에서 실을 뽑아내는 것이므로 처음의 준비 과정이 다를 뿐이다. 명
주의 원료가 되는 누에고치를 얻기 위해 조옥이 씨는 여든이 넘는 나이에
도 아직 집 앞에 50여 그루의 뽕나무를 키워 손수 1년에 두 번 봄누에(5

어느 정도 물이 따뜻해지면 고치가 풀어지는데, 그때 실마리를 잡아 '왕챙이'에 걸고 돌려 실타래를 만든다.

명주장이 조옥이 할머니(가운데)와 그의 전수자인 이규종 씨(왼쪽), 무명장이 백문기 씨(오른쪽)가 나란히 앉아 있다.

139

실내리기 과정. 실을 돌개지에 걸어 풀어낸다.

실올을 하나하나 바디에 꿰고
있다. 이것이 날실이 된다.

월)와 가을누에(8월)를 친다.

"누에 칠 때 신경 엄청 가. 누에가 이게 약해요. 뽕나무를 집에다 심은
것도 논이나 고추밭, 그런 농약 치는 데에 뽕나무가 있으면 안 되니까 그
래요. 농약 치는 밭 근처서는 이거 못 믹이요. 약을 뿌리면 그게 날라와
뽕에 묻거든. 그거를 믹이면 누에가 다 죽어."

보통 누에는 넉잠을 자고 고치를 짓는데, 애벌레에서 고치가 되기까지
는 한 달 정도가 걸린다고 한다.

"봄누에는 음력 4월 그믐께면 씨가 나와. 가을누에는 음력 7월 그믐이
나 돼야 나오지. 누에는 사잠(네 번 잠을 자고) 자고, 니 번(네 번) 허물
벗고 나와. 옛날에는 다들 고치 쳐서 애들 공락금 하고 그랬지."

그래서 뽕나무를 '공락금 나무'라 했던 시대도 있었다. 이렇게 누에를

쳐서 얻어낸 고치를 가져다 실을 뽑는 것에서 명주짜기는 시작된다.

"냄비에 물과 함께 고치를 쪼맨큼 이래 여남은 개썩 넣어 젓가락으로 저으면서 바글바글 끓이면 인제 실이 풀려나와. 그렇게 고치가 풀어지면 실마리(고치에서 풀려나온 실의 끝)를 잡아 '왕칭이'(왕챙이)에 걸어 돌리지. 고치는 새로 넣어 끓일 때마다 물을 갈아줘야 돼. 안 그러면 물이 그냥 노래서 안돼. 뻔데기서 물이 우러나니까."

'왕챙이' 란 도구는 명주실을 감는 물레의 하나로 여기에 실을 감아 타래를 만든다. 이때 고치에서 갓 뽑아낸 실을 '묵지' * 라고 한다.

이 타래는 다시 '돌고'(돌개지)에 걸어 실을 길게 푼 뒤, 대나무 대롱이나 '깡통' 에 친친 감는다. 이를 '실내리기' 라고 한다.

"원래는 나무 가락에 실을 감았는데, 요즘에는 '우유깡통' 같은 거 있지, 거기다 감아. 그게 편해요, 거기다 이래 한 타래썩 맨들어갖고 떼내면 돼."

실내리기가 끝나면 베날기로 들어가는데, 이때 주의할 점은 실의 올이 엉키지 않도록 꾸러미를 만들어놓는 것이다.

이 베날기 과정부터 베매기, 올꿰기(올 하나하나를 바디 사이로 집어넣는 일, 여기서는 '빗낀다' 고 한다), 베틀에 올려놓고 짜는 과정까지는 무명짜기의 과정과 다를 바가 없다. 다만 베매기를 할 때 보통 쌀풀이나 콩풀을 쑤어 사용하는 것에 비해 명주는 우뭇가사리풀을 주로 쓰는 점이 다르다. 또한 명주는 다 짠 뒤에 마지막으로 '잿물 삭이기' 를 하는 것이 무명이나 모시와는 다른 점이다.

"짚을 때서 짚 잿물을 이래 만들어. 그 잿물을 걸러서 소쿠리 같은 데다 놓고 천을 넣어 삭여내면 옷감이 하얗게 변하는 거지."

*문화재 연구회가 펴낸 『중요무형문화재』(대원사, 1999) 「명주짜기」 편에 보면 "한 개의 고치에서 1200~1500미터 안팎의 실이 나온다. 이것은 천연섬유 가운데 가장 긴 섬유로 제사 과정에 있어서도 공정이나 잠업 용구 등이 다른 직물에 비해 간단하고 시간도 적게 든다."(41쪽)고 하여 명주를 가장 경제적인 옷감으로 적고 있다.

집 안 마루에 있는 베틀에 올라앉아 조옥
이 할머니가 명주를 짜고 있다.

조옥이 할머니에 따르면 1년에 많이 짤 때는 200자 이상 짤 때도 있다고 한다. 한 자에 30센티미터(정확히는 30.3센티미터)로 계산할 때 1년에 60미터 이상을 짠다는 얘기다. 말이 60미터이지 60미터의 옷감을 일일이 베틀로 짜낸다고 생각해 보라. 머릿속으로 계산을 마치고 나서 내가 "엄청 많이 짜는 거네요?"라고 말을 건네자 할머니는 그저 허허 웃음으로 넘겨받았다.

"그래봐야 다섯 필밖엔 안 돼. 요새는 그것도 못 짜고, 네 필 정도밖엔 못 짜. 요번 맬라카는 거는 스무 자짜리 짜고 있는 게 있어."

67년 동안 베틀에 올라앉아 생활하는 동안 힘든 일도 많았다. 시집살이는 그렇다 치고, 서방님이 일본으로 건너가 소식이 끊긴 뒤, 그는 꽃다운 새댁 시절을 독수공방으로 지내야 했다. 물론 그 외로움을 잊고자 그는 틈만 나면 베틀에 몸을 맡겼다. 하지만 시대가 시대였던지라 일제시대 때는 마음놓고 베틀에 올라앉아 있을 수도 없었다.

"옛날 무명할 때, 그 때 일본 놈들이 마구잡이로 목화 같은 거 막 뺏아 갔거든. 그러니 목화를 해놓고도 집으로 가지고 몬 들어오고 산에다 명대를 널어 말려가지고, 몰래몰래 가져와서는 짜고 그랬어. 아이고 들켰다가는 왜놈들이 다 가져가지 다 가져가. 그래서 그때는 길쌈 가마이 가마이 잣고 그랬지. 저쪽 시댁은 수시로 막 디비러 오니까 우리 집에서 몰래몰래 짰어. 근데 목화솜에서 씨를 뺄 때 씨아기로 빼는데, 이게 기름을 안 치면 삐약삐약, 아이고 병아리 소리가 나. 그러면 그 소리가 밖에까지 들릴까 봐, 가슴이 조마조마하고, 그렇게 살았어 그때는."

성주군 두리실에는 명주뿐만 아니라 무명도 전통적으로 전승되고 있는데, 특이한 것은 이 명주와 무명을 하는 분들이 한마을에 이웃해 살면서

둘이 서로 형님, 아우 하는 동서지간이라는 사실이다. 무명장이 백문기 씨(73)가 바로 조옥이 할머니의 동서. 조옥이 할머니는 지난 1988년 명주짜기 무형문화재 제87호로 지정되었고, 백문기 씨는 지난 1990년에 무명짜기로 도무형문화재가 되었다. 더더욱 흥미 있는 사실은 현재 명주짜기 후계자로 지정된 이규종 씨(70)도 역시 동서지간이라는 사실이다. 한집안의 세 며느리가 모두 명주와 무명 짜기의 전통을 이어가고 있는 것이다.

다 짜낸 명주. 아직 다리지 않은 상태라 주름이 졌지만, 다리고 나면 말 그대로 비단결처럼 변한다.

기행수첩

조옥이 할머니를 만나러 두리실에 가려면 경부고속도로에서 왜관 인터체인지로 빠져나와 33번 국도를 타고 성주까지 온 뒤, 성주에서 다시 905번 지방도를 타고 고령 방면 쪽으로 내려가다 보면 용암면 본리, 두리실 마을이 나온다. 조옥이 할머니와 동서인 무명장이 백문기 씨는 한동네에 살고 있는데, 집과 집은 100미터 정도의 거리를 두고 떨어져 있다. 조옥이 할머니가 사는 집은 고풍스런 한옥이고, 마당이 널찍해 거기에 뽕나무를 키우고 있다.

● 조옥이(82, 경북 성주군 용암면 본2리, 054-932-2146 〈백문기 씨댁〉)

백의민족을 있게 한 길쌈문화

예로부터 우리 민족을 백의민족이라 한 것은 흰옷을 즐겨 입었기 때문이다. 옷 감의 재료도 누에고치와 목화솜, 모시와 삼 등을 써서 흰 옷감인 명주(비단)와 무 명, 모시와 삼베를 짜냈다. 이렇게 옷감을 짜내는 모든 과정을 일러 길쌈이라고 한다. 옛날 우리네 어머니들은 모두 집 안에 물레와 베틀을 두고 오로지 수공업으 로 길쌈을 해서 식구들 옷을 다 해입혔다. 무명과 명주옷은 주로 겨울에, 삼베와 모시옷은 여름에 해입혔는데, 과거에는 이 '입는 문제'가 완전히 아낙네의 손에 달려 있었던 셈이다.

우리네 길쌈의 역사는 기록된 것만으로도 삼국시대 이전(청동기 시대 유물에서 물레가 발견된 적도 있다)까지 거슬러 올라간다. 학계에서는 『후한서』와 『삼국지』 「동이전」 편에 이미 우리 나라에 삼과 누에를 길러 옷감을 짰다는 기록이 나오는 점으로 보아 적어도 2세기쯤에는 길쌈 풍습이 있었을 것으로 추정하고 있다. 이 런 길쌈 풍습은 삼국시대 들어 더욱 발전한 것으로 보이는데, 신라 때는 아예 나 라에서 국영으로 운영하는 옷감 공장이 있어 비단과 삼베 등을 만들어냈다고 한

한산모시문화제에서 선보인 저산팔읍 길쌈놀이. 모시짜 기 시연을 하고 있다.

147

한산모시옷 패션쇼에서 한 모델이 모시옷의 아름다움을 선보이고 있다.

무명천의 재료가 되는 목화 다래. 다래마다 솜이 가득 들어 있다.

다. 이는 고려 때까지 이어졌으며, 고려시대에는 더욱 발달한 직조 기술로 인해 '고려 모시'의 섬세함과 고급스러움이 중국에까지 알려질 정도였단다. 다른 옷감에 비해 무명은 다소 늦은, 고려 말 문익점이 목화씨를 가져온 것으로부터 시작됐는데, 조선시대에 접어들면서는 오히려 서민들이 가장 선호하는 옷감으로 자리잡았다.

이와 같은 길쌈의 전통은 현대에까지 이어지다가 대규모 방직 공장이 생겨나면서 무너지기 시작했다. 다행히 아직도 충남 서천군 한산면에서는 모시의 전통이, 경북 안동과 전남 곡성, 강원도 정선과 삼척 등에서는 삼베의 전통이, 경북 성주와 경주에서는 명주의 전통이, 전남 나주와 경북 성주에서는 무명의 전통이 면면이 이어져 오고 있다. 길쌈을 하는 데는 모든 옷감에 공통된 도구를 사용하는데, 물레*와 날틀, 베틀이 그것이다. 알려진 대로

물레는 실을 잣는 도구이고, 날틀은
새(올수)를 나누는 베날기에 쓰이며, 베
틀은 옷감을 짜는 데 필요한 도구다. 그
가운데 가장 중요한 도구는 역시 베틀이다.

"베틀은 주로 소나무와 피나무로 만들어졌
으며, 북은 감나무로 만들어졌다. 베틀의 명칭
으로는 용두머리, 눈썹대, 눈썹노리, 눈썹줄, 잉
아, 잉앗대, 속대, 북, 바늘, 북꾸리, 바디, 바디
집, 비녀, 최할, 부테, 부테끈, 말코, 앉을깨, 뒷기둥,
베틀신대, 사침대, 도투마리, 베뎅이 등 30개의 부분으로
되어 있다."**

보통 베틀일을 할 때, 삼베와 모시는 날씨가 추워지면 실이 엉기거나 끊어지
기 쉬우므로 봄부터 초가을까지만 짜며, 무명과 명주는 계절을 가리지 않고 사계절
짤 수가 있다. 하지만 현재 길쌈을 하고 있는 분들은 대부분 연세가 많은 할머니들
이어서 길쌈의 전통이 언제까지 이어질지는 누구도 장담할 수가 없다.

무명 실꾸리. 실꾸리는 그
모양조차 아름답다.

*실을 잣는 물레는 옛날 문
익점의 아들인 문래(文萊)에
서 비롯되었다는 이야기도
전해온다.

**인제군, 『인제군사』 「생
활민속자료」(인제군,
1996), 881~882쪽.

물레와 베틀의 부분별 명칭

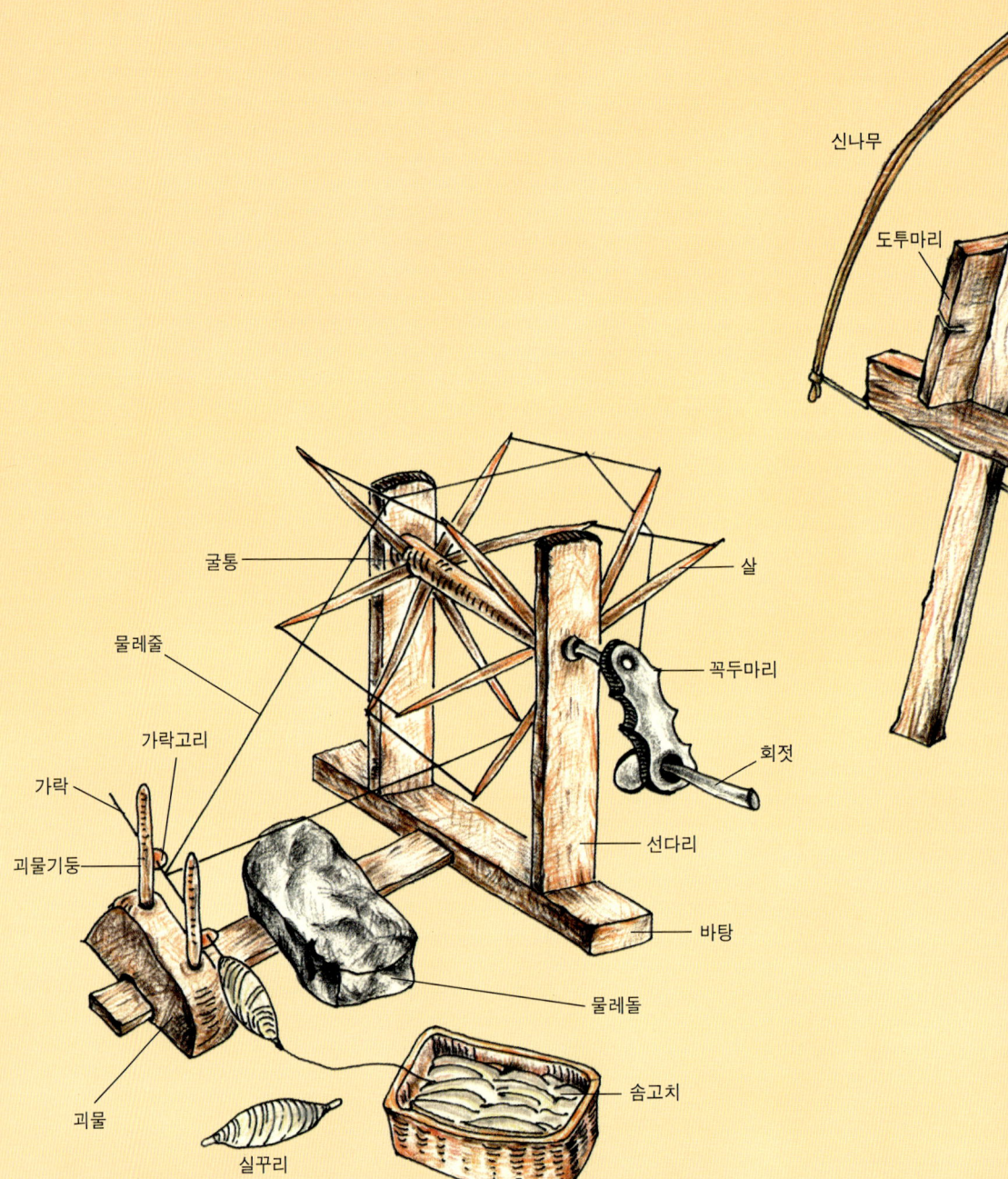

신나무

도투마리

굴통

살

물레줄

꼭두마리

가락고리

회젓

가락

괴물기둥

선다리

바탕

물레돌

괴물

솜고치

실꾸리

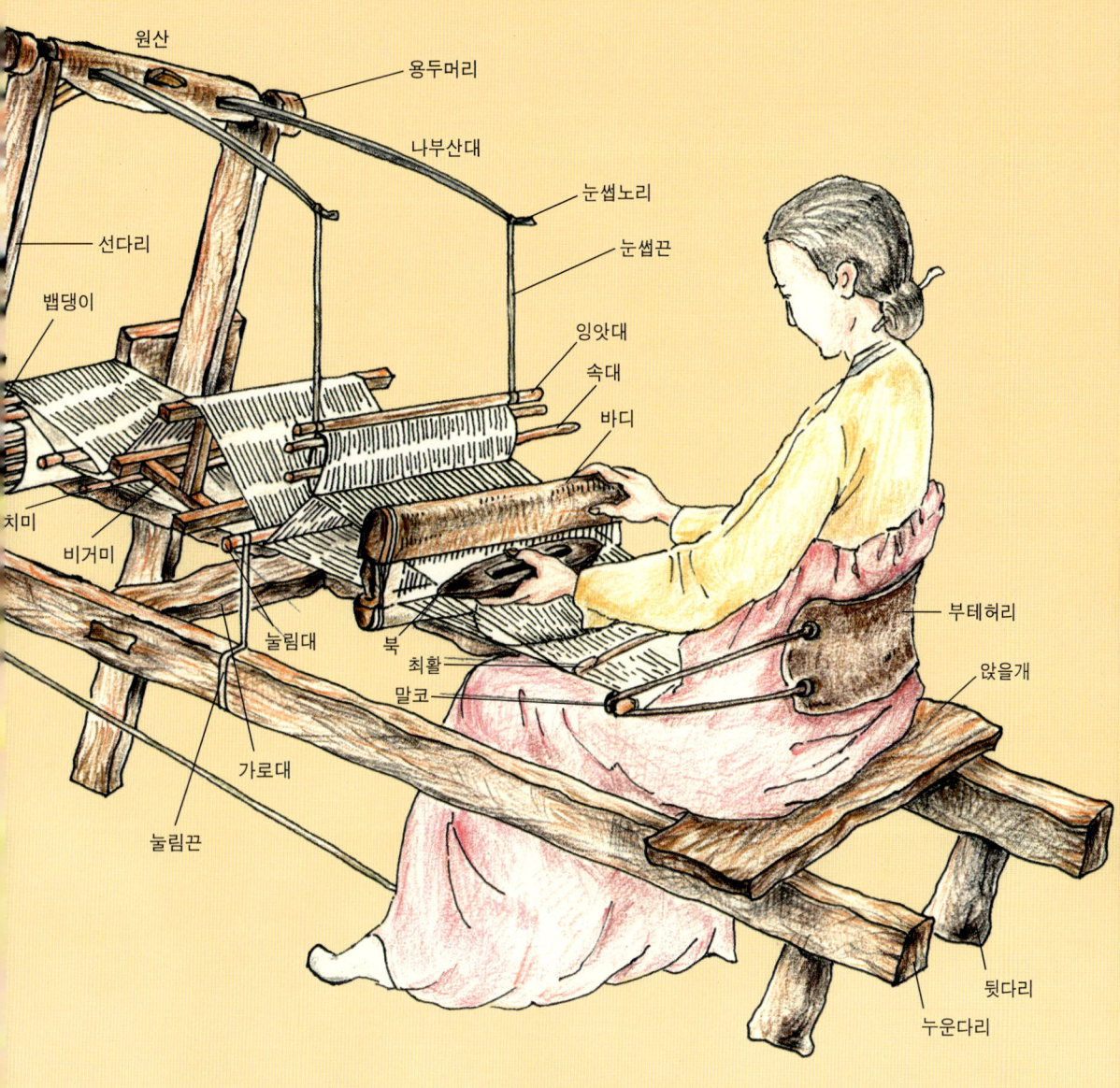

원산

용두머리

나부산대

눈썹노리

눈썹끈

선다리

뱁댕이

잉앗대

속대

바디

치미

비거미

부테허리

앉을개

눌림대

북

최활

말코

가로대

눌림끈

뒷다리

누운다리

삼척에서 만난 조계옥 할머니가 북을 움직여 베를 짜고 있다.

토종 참쪽의 맥을 잇는다

정관채

쪽물장이

굽이굽이 영산강을 따라가는 나주 들녘 너머에 눈이 시린 쪽빛 하늘이 걸려 있다. 쪽빛 하늘, 쪽빛 바다. 왠지 쪽빛 하면 마음 한 구석이 파랗게 물드는 기분이다. 그 쪽빛 세상을 만나러 찾아간 곳은 전남 나주시 다시면 가흥리, 흔히 샛골로 불리는 곳. 그곳에 23년 동안 쪽과 함께 살아온 정관채 씨(44)의 쪽 작업장이 있다. 마을 한가운데 자리한 작업장에 들어서자 무언가 썩는 듯한 고약한 냄새가 코를 찔러왔다. 아마도 주변에 빼곡이 들어찬 커다란 항아리에서 풍겨나오는 냄새인 듯했다.

알고 보니 항아리 안에서 쪽풀이 삭으면서 나는 냄새였다. 이 역겨운 냄새가 없다면 아름다운 쪽빛도 나올 수가 없는 것이다. 그러므로 정관채 씨에게 이 냄새는 향기로운 향수 냄새와 다를 바가 없다. 그는 이곳 샛골에서 직접 쪽 농사도 짓고 있다. 5천 평 정도는 이웃에 경작을 주어 수매를 하고, 나머지 2천 평 정도는 논에서 그가 직접 키워낸다. 그의 부인인 이희자 씨(40)도 작년까지는 은행을 다녔으나, 올해부터는 직장을 그만 두고 그를 돕기 위해 아예 발벗고 나섰다.

본래 정씨는 이곳 나주 샛골에서 태어나고 자랐다. 지금은 비록 광주에 나가 살고 있지만, 아직도 작업장과 쪽밭이 모두 샛골에 있다. 나주에 있는 영산포중학교에서 미술을 가르치는 교사이기도 한 그는 요즘 명지대학교와 나주대학교에서 쪽염색 강의도 하고 있어 눈코 뜰 새 없이 바쁜 나날을 보내고 있다. 그렇지만 그가 가장 애착을 갖고 하는 일은 역시 쪽물장이 일이다.

그가 처음 쪽물장이의 길로 들어선 것은 1978년. 목포대학 미술대에 다니던 그는 자연에서 얻는 염료가 최상의 것이라는 생각에 원초적인 자

154

연색에 깊이 빠져 있었는데, 쪽에서 바로 그 자연색의 깊이를 발견하면서 쪽염색을 시작하게 되었다고 한다. 물론 옛날부터 샛골에서는 많은 사람들이 쪽 농사를 지어 생계 수단으로 삼아 왔고, 그의 집안도 마찬가지였다. 어릴 때부터 쪽에 대한 이야기를 들어온 그로서는 이미 오래 전부터 쪽에 익숙해 있었던 셈이다. 단지 그때는 마음 깊이 새겨듣지 않았던 것뿐인데, 미술을 공부하면서 진실로 쪽빛세상의 매력을 발견하게 된 것이다.

과거 영산강 유역에서는 어디를 가나 쪽풀을 만날 수 있을 정도로 쪽 농사가 성했다. 그가 어린시절을 보낸 60년대 초까지만 해도 영산강 주변 냇가에는 토종 자생쪽이 흔하게 남아 있었다고 한다. 본래 샛골은 '샛골나이' 라 하여 옛날부터 목화솜으로 짠 올이 고운 무명의 고을로 널리 이름이 나 있었다. 그 고운 무명천(전통적으로 쪽 염색은 무명에 가장 많이 사용되었다)을 이용해 쪽이불도 하고, 쪽치마도 하던 것이 이곳의 오랜 전통*이었다.

사실 쪽으로 염색한 이불 홑청이나 옷감은 과거 부의 상징이나 다름없었다. 비싸기도 할 뿐더러 워낙에 귀한 것이었기 때문에 당시 쪽염색한 옷을 지닌 아낙네는 입고 다니기가 아까워 두고두고 보물처럼 장롱에 넣

*정관채 씨는 그의 논문 「한국 전통 남염색의 현대적 이용방법」에서 나주의 샛골에 쪽 염색이 발달했던 까닭에 대해 여섯 가지 조건을 들고 있다. 그 첫째가 호남 평야의 기름진 토양과 남부 지방의 고온다습한 온도, 풍부한 일조량 등의 적합한 기후 조건이고, 둘째는 쪽염색에 필요한 조개 루가 흔했다는 점, 셋째는 영산강 유역은 홍수의 피해가 심해 곡물보다는 쪽 재배가 성행했다는 점, 넷째는 물과 바다의 교통이 편리했다는 점, 다섯째는 샛골을 중심으로 쪽풀을 집단적으로 생산해 왔다는 점, 여섯째는 기능보유자가 많았다는 점 등이 그가 꼽는 조건들이다.

정씨네 쪽밭에서 일꾼들이 김매기를 하고 있다.

잘라온 쪽은 우선 항아리에
넣고 삭여야 한다.

어두고, 그저 가끔씩 꺼내보면서 눈
요기나 하는 이가 많았다고 한다.

그러나 60년대 들어 미군 바지가
나돌고 간편한 화학염료가 들어오면
서 천연염료인 쪽물은 급격히 자취를
감추기 시작했다. 그리하여 60년대
후반에는 아예 우리 나라에 자생하는
참쪽이 소멸돼버리는 결과를 초래하
고 말았다. 쪽이란 것이 본래 염료 추
출이 어렵고, 전체적인 과정이 까다
로운 데다 시간과 노동력이 많이 들
었으므로 간편한 화학염료에 밀릴 수
밖에 없었던 것이다. 그러던 것이 70
년대 예용해 선생이 일본으로부터 쪽
씨를 가져와 다시 보급하면서 끊어졌
던 참쪽맥을 되살린 계기가 되었다.

그 예용해 선생이 쪽씨를 준 사람이 바로 박복규 씨란 분이고, 정관채
씨는 바로 이 박복규 씨로부터 쪽씨를 받아 쪽염색을 시작할 수 있었다.
그러나 지금까지도 토종 참쪽은 흔하지가 않아 쪽염색을 한다고 하는 곳
은 대부분 왜쪽으로 하고 있는 형편이다. 왜쪽에 비해 참쪽이 내성이 약
해 재배하기가 어렵기 때문이다. 물론 정관채 씨도 대부분의 쪽 재배는
왜쪽으로 하고 있다. 다만 토종 참쪽의 맥을 이어가기 위해 작업장 주변
과 텃밭에 해마다 토종 참쪽을 키워 왜쪽과 함께 쓰고 있다.

156

쪽이란 씨가 땅에 떨어져 그 해가 지나면 싹이 트지 않는 한해살이풀로 동남아시아에서 주로 자생한다. 본래 마디풀과(정관채 씨는 우리 나라에서 재배하는 품종은 대부분 여뀌과 식물이라고 주장한다) 식물로, 따뜻하고 습한 곳에서 잘 자라며, 생명력이 강한 편이지만, 다른 풀이 섞이면 금방 죽는 단점이 있다. 정관채 씨에 따르면 쪽은 오랜 옛날 인도에서 건너온 식물이라고 한다. 영어로 쪽을 인디고(Indigo)라 하는 것도 쪽이 인도에서 전세계로 전파되었음을 말해 주는 것이다.

이집트의 한 고분에서 출토된 미라에서는 쪽으로 염색한 마포가 발견되기도 하였는데, 이로 보아 이집트에서는 이미 기원전 3세기 이전부터 쪽염색을 해온 것으로 추정된다. 뿐만 아니라 인도와 지리적으로 단절된 남미의 잉카 유적에서도 쪽으로 염색한 무명천이 발견되었다고 한다. 세

쪽을 항아리에 넣고 삭힐 때 쪽풀이 물에 뜨지 않게 하기 위해 흔히 돌멩이를 얹어 놓는다.

계 곳곳으로 퍼져나간 이 쪽이 우리 나라에 언제쯤 들어왔는지는 정확히 알 수가 없지만, 기원전에 이미 중국에서도 쪽염색을 했다고 하니, 최소한 우리 나라에서도 삼국시대 이전부터 쪽염색을 했을 것으로 미루어 짐작할 수는 있겠다.

보통 쪽은 3월 초에 씨를 뿌리면 7월 초에 한 번, 8월 말에 또 한 번, 1년에 두 번을 수확한다. 다 자란 쪽풀은 키가 60～70센티미터인데, 꽃이 피기 직전에 수확하는 것이 좋다. 쪽 염색은 바로 이 쪽풀을 잘라 항아리에 넣고 물을 부어 담그는 과정에서부터 비롯되는데, 이렇게 담근 쪽풀은 이틀(약 50시간) 정도가 지나면 고약한 냄새와 함께 삭으면서 색소(연한 청록색)가 빠져나오기 시작한다.

"색소가 빠져나오면 이제 쪽대와 쪽잎을 건져내 버리고, 색소가 우러난 물에 소석회(탄산칼륨, 조개껍질이나 굴껍질을 고온에 구워서 만든 가루)를 넣어 희석을 시킵니다. 그러면 색상의 변화가 오는데, 원래는 초록색인 것이 노란색으로, 그것이 다시 보라색에서 회색으로 변했다가 다시 청록색에서 파란색을 띠다가 결국 남색으로 변합니다. 조개가루가 쪽 색소를 만나 색소를 잡고 침전돼 앙금으로 가라앉는 거죠. 그리고 앙금 위에는 갈색물(윗물)

쪽물이 우러나면 쪽대를 건져낸다.

곁으로 가까이 다가오고 있다. 정관채 씨처럼 우리의 쪽빛을 지켜가는 사람이 있었기 때문에 가능했던 일이다.

그는 연한 옥색에서부터 진한 감색까지 다 나오는 쪽빛 중에서도 가장 아름다운 색은 보라색이 약간 섞인 남색이라고 한다.

"이런 색깔로 물들여진 모시나 무명을 보면 정말 눈이 부실 정도로 아름답습니다."

그 말을 하는 그의 표정이 더없이 행복해 보인다. 세상의 아름다움을 쪽빛에서 찾는 사람. 그가 쪽물장이의 길을 걸어가는 한 그는 언제나 행복할 것임을 나는 믿는다.

발효가 끝난 쪽물은 위에 보라색 거품이 뜨는데, 이 것을 '꽃물' 이라 한다.

쪽으로 염색한 명주 실꾸리.

정관채 씨가 발효가 끝난 쪽물을 떠다 염색을 하고 있다.

염색을 한 천은 물에 한 번 더 헹궈야 제대로
된 색깔이 나온다.

| 기행수첩 |

　나주에 있는 정관채 씨의 쪽 작업장을 방문하
려면 호남고속도로를 타고 가다가 광주로 빠져 13번
국도를 이용해 다시면 문평공업단지쯤에서 좌회전하여 가
흥리까지 들어가면 된다. 숙박은 나주나 광주로 나와 해결
하는 것이 좋다. 쪽으로 염색한 옷감은 보통 한 자에 3만
원 한 필에 60만 원 정도로 비싼 편이지만, 그는 그 절반의
가격만 받는다. 쪽에는 항암, 항균, 방충, 방부 효과도 있다고 한다.

● 정관채(44, 전남 나주시 다시면 가흥리〈작업장〉, 광주직할시 북구 용봉동
1074-8 현대 아파트 101동 205호〈자택〉, 062-523-5353)

정관채 씨가 부인 이희자
씨와 빨랫줄에 쪽으로 염색
한 옷감을 널고 있다.

167

쪽의 효능 및 토종쪽과 왜쪽의 비교

예부터 전해오는 책 가운데 쪽으로 염색한 종이는 좀을 먹지 않았다고 한다. 쪽 속에 항균, 방충, 방부 효과가 있기 때문이다. 또한 쪽물에는 알칼리 성분이 많이 들어 있어 산성화된 체질을 알칼리성 체질로 변화시킨다고 하며, 해열제처럼 열을 내려주는 효능과 항암 효과도 있다고 한다. 가격은 시중에서 보통 한 자에 3만 원, 한 필에 60만 원 정도로 비싼 편.

정관채 씨에 따르면, 왜쪽과 우리네 토종쪽은 그 모양과 색소 함유량에 있어 차이가 있다고 한다. 왜쪽은 잎이 뾰족하고, 토종쪽은 둥글다는 것이다. 또한 일반적으로 토종쪽이 색소를 더 많이 함유하고 있다고 하며, 염료 추출에 있어서도 토종쪽이 양질의 색이 나오며, 추출량도 더 많다고 한다. 토종 참쪽의 단점은 식물의 내성이 왜쪽보다 약하다는 것인데, 다른 풀이 침입했을 때 왜쪽보다 토종쪽이 먼저 죽는 것도 그 때문이라고 한다. 그러므로 키우기가 까다로워 토종쪽을 재배하는 곳이 드물다. 그 토종쪽의 맥을 정관채 씨가 이어가고 있는 것이다.

토종 참쪽

왜쪽

이무남

옹기장이

옹기 만들기의 시작은 흙 채취로부터 시작된다. 이곳에서는 한 군데서 다섯 가지 색의 흙, 즉 오색 점토가 난다고 한다.

우리 옛말에 "사기는 사 곱, 옹기는 오 곱이 남는다"는 말이 있다. 사기 그릇은 이문이 네 배요, 옹기는 다섯 배라는 소리다. 하지만 이 말은 집집마다 장독대에 그득그득 항아리가 들어차 있을 때의 말에 지나지 않는다. 스테인리스와 플라스틱 그릇이 옹기를 대신하고, 아파트가 생겨나 장독대를 둘 필요가 없게 되면서 옹기는 차츰차츰 설자리를 잃고 말았다. 과거 1960년대 초까지만 해도 흙 좋기로 소문난 동네 치고 옹기굴 몇 개씩 없는 동네가 없었으나, 지금은 그 많던 옹기굴도 만나기 어려울뿐더러, 가스불에 광명단을 사용한 옹기가 버젓이 전통 옹기인 양 행세하고 있다.

사실상 이제는 옛날 재래식 가마에 나무를 때서 옹기를 구워내는 전통 옹기굴은 몇 군데 남지 않았다. 경북 청송군 진보면에 바로 그 몇 군데

남지 않은 전통 옹기굴이 하나 있다. '청송진보토기'라 간판을 내건, 이무남 씨(62)의 옹기굴이 그것이다. 그의 옹기굴에 들어서자 그는 가마 앞에 쪼그려앉아 땀을 뻘뻘 흘리며 마지막 '큰불'을 때다 말고 일어섰다. 몇며칠 잠을 못 이루었는지 그의 눈은 약간 발갛게 충혈돼 있었다.

"옹기는 이 불이 생명인기라요. 그러니 불 땔 때는 신경이 곤두서서, 잠도 안 오고, 잠이 들었다가도 옆에서 누가 쪼금만 뿌시럭대도 잠이 깨요."

가마에 불 땔 때마다 잠을 설치다보니 이제는 아예 불면증이 되고 말았단다. "그럼 오늘 저녁에는 자야 하는 날인데, 귀찮게 찾아온 모양입니다." 미안한 마음에 슬쩍 던진 말인데,

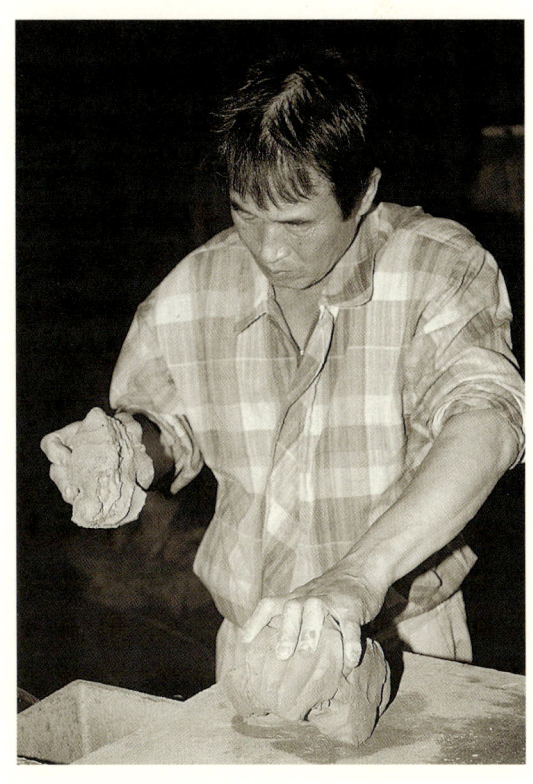

이무남 씨가 흙가락을 뽑기 위해 흙반죽을 주무르고 있다.

그는 아니라고 몇 번이나 손사래를 친다. 이럴 땐 염치 불구하고 '귀찮은 손님'이 되는 수밖에 도리가 없다.

이곳에는 두 기의 옹기가마가 있다. 하나는 집 아래쪽 길가에, 다른 하나는 집 옆에 언덕배기를 따라 밭 둔덕에 비스듬히 자리하고 있다. 작업장인 '움'은 아래쪽 가마 위쪽에 붙어 있고, 움과 집 사이에는 이른바 장독대라 불러도 좋을 넓다란 공간에 크고 작은 옹기들이 빼곡이 들어차 있어 마치 옹기 전시장을 보는 듯하다.

그에 따르면 아래쪽에 있는 작은가

마(너구리가마)는 8년 전에 새로 만들었고, 위에 있는 큰가마는 만든 지가 80년쯤 되었다고 한다.

　본래 큰가마는 전통 옹기가마의 전형인 '대포가마'(대포처럼 생긴 칸막이가 없는 가마)였는데, 40년 전 칸막이를 나눈 '너구리가마'로 뜯어고쳤다. 너구리가마는 주로 강원, 영남 지역에 분포하던 가마로, 옹기가마 구조에 사발가마(도자기가마) 구조의 장점을 살린 가마라 할 수 있다. 하지만 이 가마는 현재 크기가 너무 큰 탓에 아주 많은 양의 옹기를 한꺼번에 굽지 않는 한 아래쪽 작은가마를 이용할 때가 대부분이다.

　흔히 옹기라 함은 흙을 구워서 만든 그릇을 말한다. 빗살무늬토기에서 보듯, 우리 조상들은 오랜 옛날부터 옹기를 사용해 왔다. 오늘날과 같은 잿물 유약을 바른 옹기는 가야시대와 삼국시대에 와서 만들어졌다고 하는데, 『삼국사기』에 따르면 신라에서는 와기전(瓦器典)이라 하여 옹기를 굽는 장인을 따로 두었다고 한다. 또 조선시대에도 전국에 100여 명의 옹기장이가 있었다는 기록이 있다. 옹기의 종류는 그 쓰임에 따라 크게 저장용과 식기용으로 나눌 수 있는데, 큰 독이나 항아리, 중두리, 바탱이, 소가니, 자배기, 두멍 등은 저장용이고, 밥소라, 뚝배기, 약탕기 등은 식기용이라 할 수 있다.

　옹기를 만들 때는 무엇보다 빚는 이의 솜씨 못지않게 흙과 잿물, 건조와 가마 불때기가 중요한 요인이 된다. 이 가운데서도 특히 흙은 옹기의 질을 결정하는 결정적인 요인이다.

　"먼저 흙을 감별하는 게 아주 중요해요. 옛날부터 오색 점토라케서 다섯 가지 색의 흙이 한 군데서 나오는 곳은 전국에서도 여 진보밖엔 없을 깁니다. 그래서 옛날에는 이 근방에 옹기공장이 많았거든요. 그때는 다른

172

데서도 옹기 팔러 오면 다들 진보 옹기라캤어요. 여 흙이 좋으니까."

보통 흙이 차지면 모두 옹기흙이라 생각하기 쉽지만, 옹기흙이라 하는 것이 꼭 차져야 좋은 것만은 아니다. 이무남 씨에 따르면, 섭씨 1200도의 온도를 견뎌내는 흙이 있고, 또 잿물을 잘 빨아들이는 흙도 있는데, 진보 옹기흙은 이런 여러 성질의 흙이 골고루 섞인 흙이어서 옹기흙으로는 더없이 좋은 흙이라고 한다. 본격적인 옹기 만들기의 시작은 바로 이 흙을 가져다 불순물을 골라내는 수비질로부터 출발한다.

"옛날에는 흙을 가져다 물반죽을 하고 발로 밟고 떡메로 치고 하니까 상당히 심이 들었어요. 그래 요새는 모두 흙을 배합시키는 기계로 떡가래같이 흙가락을 쭉 뽑아 그걸 가지고 써요."

이렇게 뽑은 흙가락이 옹기가 되기 위해서는 먼저 적당량을 물레에 올

옹기를 만들려면 우선 일정한 크기로 바닥을 만들어야 한다.

흙가락을 둥글게 쌓아 올려 손으로 대체적인 옹기의 모양을 만든다.

려놓고 방망이로 두들겨 둥글납작하게 바닥을 만들어야 한다. 이어 굽깎기(나무칼)로 필요 없는 부분을 반죽 떼어내듯 도려내고, 타림(흙가래를 둥글게 쌓아올리는 작업)을 올린 뒤, 도개(옹기 속을 두드리는, 떡살처럼 생긴 도구)를 안에 대고, 부채(표면을 두들겨 다지는 도구)로 바깥을 두들겨 수레질(옹기의 두께를 고르게 하고 모양을 내는 일)을 한다.

　수레질이 끝나면 옹기 표면을 매끈하게 다듬는 근개질(근개는 안개와 겉개로 나뉜다)에 들어간다. 이렇게 옹기모양이 완성되고, 표면 다듬기까지 끝나면, 물가죽(물에 젖은 쇠가죽)으로 도드라지게 주둥이를 만든다. 이것을 여기에서는 '전 잡는다' 고 한다. 전 잡기에 이어 옆면에 손잡이를 만들어 붙이면 일단 만드는 과정은 모두 끝이 난다. 다음 과정은 잿물 치는 과정인데, 어느 정도 옹기가 굳으면 잿물탕에 옹기를 살짝 담가 손으로 돌려가며 잿물을 친다.

　"그 다음에는 공장(작업장) 안에서 건조를 시켜요. 빨리 건조시킬라구

174

막 햇빛에 내놓으면 쩍쩍 갈라지고 깨져버려요. 그렇게 한 10~15일 정도 그늘에 건조시켜서 가마에 집어넣고 불을 때는 거죠."

보통 불때기에 걸리는 기간은 약 일 주일 정도. 처음에는 '피움불'이라 하여 1~2일 정도 40~50도 정도의 약한 불을 피워 연기로 가마 안을 데운다. 그 다음 3~4일 정도는 점점 온도를 높여 100도 정도의 '돋굼불'로, 다시 1~2일은 온도를 조금 더 높인 900도 정도의 '배낌불'을 때다가 마지막으로 최고 1250도까지 올라가는 '큰불'을 때준다.

"잿물은 1200도가 넘어야 녹아요. 불 시게 땔 직에는 아궁이에 지다름한 나무를 통째로 꽉꽉 잡아넣어요. 그럼 그 불기운에 재가 이래 확 딸려 올라가 막 옹기에 들러붙고, 그 정도면 옹기가 꼭 고무 같애, 찌불랑찌불랑한 옹기도 막 생기요. 바람도 마이 불고 그럴 때는 공기가 마이 들어가

도개와 부채로 두들겨 한 번 더 그릇 모양을 만든다.

니까 바람 드간 거나 겉에 거는 찌그러져요."

이렇게 옹기가 불에 완전히 익게 되면, 3일 정도 열기를 식힌 뒤 끄집어내면 된다. 가마에서 꺼낼 때 보면, 옹기의 색깔이 조금씩 다른 것을 볼 수 있는데, 이는 순전히 잿물 때문이다.

전통적으로 많이 써온 소나무재는 특유의 검자주색을 띠며, 여러 잡목이 섞인 재를 쓰면 황토빛이 나온다. 가끔 옹기 색깔이 누리끼리한 것을 볼 수 있는데, 이는 사과나무재가 많이 들어간 것이란다. 이곳에서 쓰는 잿물은, 소나무나 잡목을 태운 재와 산에서 채취해 온 약토(산기슭의 고운 흙이나 부엽토)를 1:1의 비율로 섞은 것이라고 한다.

다 구워낸 옹기는 아무리 매끈하게 보여도 자디잔 숨구멍이 고스란히 살아 있는데, 여기에다 숨구멍을 꽉꽉 막아버리는 광명단 유약이 아닌, 어느 정도 숨구멍을 틔워놓는 천연 유약을 쓰기 때문에 옹기를 '숨쉬는 그릇'이라 하는 것이다. 광명단 유

바닥과 아랫타림이 완성되면 윗타림을 쌓아올린다.

약을 바른 옹기는 '숨죽인 그릇' 혹은 '숨막힌 그릇'에 다름아니다.

옛날식대로 잿물을 바른 옹기는 안팎으로 뚫린 미세한 구멍을 통해 들숨과 날숨을 쉬어 음식의 조화로운 숙성을 돕는다. 또한 습기와 열 등을 조절하여 음식물을 오랫동안 숙성시키고, 저장하는 노릇을 한다. 하지만 시중에 나도는 광명단 유약을 바른 옹기는 이런 기능을 전혀 하지 못하며, 오히려 해를 입힌다. 광명단 유약이 옹기의 표면은 반들거리게 할지

모르나, 그 성분이 납으로 되어 있기 때문이다. 알려진 바로는 이 반들거리는 광명단 유약이 나돌기 시작한 것은 일제시대부터라고 한다.

"그런 광명단 유약을 바른 옹기로 간을 담든지 된장, 고추장 담아서 사용하면 막 부패가 되고 맛도 변하고, 이물질이 검출되는 기라요. 그건 유약이 유리하고 마찬가지야, 옹기가 아니다 이기라."

그럼에도 시중에 광명단 옹기가 나도는 것은 잿물 유약을 쓰는 것에 비해 생산성이 높기 때문이다. 이왕에 생산성을 높이기 위해 그들은 만드는 것도 기계로 찍어내고, 굽는 것도 가스가마나 기름가마를 사용해 9시간 만에 구워내는 것이 보통이다.

그러나 가스가마에서 구워낸 옹기는 강도에서도 전통 옹기와 많은 차이를 보인다. 이무남 씨에 따르면, 가스가마는 보통 900도 정도로 굽기 때문에 1200도 이상으로 굽는 전통 옹기에 견주어 강도가 훨씬 떨어진다고 한다. 설령 광명단 유약을 쓰지 않았더라도 가스가마로 구운 옹기는 물이 스며들거나 음식물이 부패하기 쉽다.

"우리 꺼는 강도가 시니까 뚜들기면 종소리가 나요. 찬물 암만 담가봐도 아무런 변화 없지, 쌀 같은 것도

타림 올리는 작업이 끝나면 물레를 돌려가며 근개로 표면을 매끄럽게 다듬는다.

2년 아니라 3년을 담아놔도 괜찮아요. 정 못 믿겠으면 실험을 해보면 알아요. 다른 그릇에 담은 고추장을 한 숟갈 떠가지고 햇빛에 이래 비춰보면 기름띠(마치 무지개처럼 보이기도 한다) 같은 이물질을 볼 수 있는데, 우리 꺼는 안 그래요."

이 모든 것이 좋은 흙을 가져다 일일이 손으로 만들고, 잿물 유약을 입혀 장작불로 가마를 때기 때문이다.

그렇게 남이 알아주든 말든 전통 옹기만을 고집한 지 올해로 45년째인 이무남 씨. 40년이 넘는 동안 어려움도 숱하게 뒤따랐을 터. 특히 가장 힘들었던 시기는 플라스틱 그릇이 한창 나오던 60년대 중반부터 70년대 초반이었다고 한다.

"그때 푸라스틱 그릇이 2천 원에서 3천 원 하던 시대요. 푸라스틱이란 게 들고 쳐도 잘 안 깨지지, 싸지, 겉은 번질번질하지, 그러니 누가 거칠

다듬기 과정을 끝내고 손잡이를 만들어 붙이고 있다.

거칠한 옹기 사요. 그래 마이리 치고 저리 치고 그러다 포기 직전까지 갔었어요. 딴데 가서 막일도 하고, 농사 거들어서 쌀 몇 되, 보리 몇 되 얻어다 살기도 했어요. 어떡해, 사람들이 이런 옹기는 딜다보지도 않는데. 여기서 옹기하던 사람들 그때 전부 다 문 닫고, 남의 집 머슴 살러 가고, 서울로 외입 가

178

이무남 씨가 물가죽으로 한번 더 매끄럽게 전을 잡고 있다.
옹기 허리에 무늬까지 넣으면 만들기 과정은 여기서 끝이다.

고 그랬지요. 그래도 이걸 지킨 데는 옹기를 맨들아서 판다 이기보다는 내가 뭘 만드는 기를 워낙에 좋아해요. 맨들 직에는 친구가 온다케도 짜증이 나. 아무케도 요렇게 살다 가야할 운명이란 생각이 들더라구요."

다 만든 옹기는 한동안 굳기를 기다렸다가 잿물을 친다. 잿물을 칠 때는 살짝 옷을 입히듯 쳐야 한다.

그가 처음 옹기일에 뛰어든 것은 열일곱 살 철부지 시절이다. 요즘에야 모두가 외면하는 일이지만, 그때만 해도 그의 고향 상주에는 옹기로 밥 먹고 사는 사람이 꽤 많았다.

"어른들 하는 거 보고는 내도 먹고살아야 하니까 옹기를 시작했죠. 여기 온 것은 58년돈가, 내가 열아홉 살 땐데, 다들 여 흙이 좋다케서 한 50명이 같이 왔어요. 여도 한 15년 전까지만 해도 전부 옹기로 먹고살던 동네요. 지금은 아무도 안하고 죽으나 사나 우리 두 내외만 하고 있지요."

*윤구병 씨는 「옹기장이-김치독 같은 팔자」, 『숨어 사는 외톨박이』(뿌리깊은 나무, 1977)에서 생질꾼과 뒷일꾼에 대해 다음과 같이 쓰고 있다. "이 생질꾼은 '한패장'에 한 사람만 있으면 된다. '생질꾼'이 공장에 쌓아놓은 흙을 '뒷일꾼'이 '매통'으로 떡치듯이 쳐서 '깨끼'로 깎는데, 세 차례 '조져서' 세 차례 깎아야 비로소 흙이 그릇을 빚기에 알맞을 만큼 고르게

38년 전 결혼한 그는 현재 3남 1녀를 두고 있는데, 옹기일 하는 아버지가 안쓰러웠던지 얼마 전부터 둘째와 셋째 아들이 물레질을 배워 가끔 그의 손을 덜어준단다. 그러나 아직은, 말 그대로 가끔 도와주는 것일 뿐, 그의 손과 발이 되어 전수자 노릇을 해내는 것은 아니다. 본래 옹기일이란 것이 물레를 돌리는 물레대장, 흙을 반죽하는 뒷일꾼, 흙을 퍼담고 나르는 날일꾼, 가마불을 때는 불대장, 흙을 손질해 흙가락을 뽑는 생질꾼*, 흙을 물에 풀어 걸러내는 수비꾼 등 여러 명이 달라붙어야 하는

일이지만, 40년 넘게 이무남 씨는 이 모든 일을 혼자서 도맡아 해왔다.

지난 1997년 경북 무형문화재 제25호로 지정된 뒤에도 전수자가 없어 그는 혼자서 1인 다역을 다 해내고 있다. 다행히 요즈음 옹기에 대한 효능이 과학적으로 밝혀지면서 사람들의 인식이 조금씩 달라져 가는 것이 그나마 그에게는 위안이다. "언젠가는 옹기도 대접받을 날이 오리라." 그런 소박한 바람으로 그는 오늘도 흙벽으로 된 캄캄한 '움'에서 혼자 물레를 돌린다. 혼자 흙가락을 뽑고, 혼자 잿물을 쳐서, 혼자 가맛불을 땐다. 외롭다. 그러나 허무하지는 않다.

되고 부드러워진다. 이 뒷일은 막노동 중에도 생막노동으로 여간 힘들지 않다. 그래서 '꽃샘바람 부는 날도 매통자루만 손에 쥐면 땀이 줄줄 흐른다'는 말이 있다. '뒷일꾼'은 '한패장'에 세 사람이 붙는다. 이들은 나중에 '대장'과 함께 '불때기'와 '불보기' 노릇도 해야 한다."(24쪽)

가마 불때기. 보통 일 주일 정도 불을 땐다.

청송의 옹기굴을 가려면 단양과 영주를 거쳐 안동까지 이어진 5번 국도를 타고 가다 안동에서 영덕 쪽으로 향한 34번 국도로 바꿔 탄다. 임하댐을 지나 고개를 넘어가면 진보면이 나오고, 진보면에서 31번 국도로 다시 바꿔 타 청송 쪽으로 조금만 가다보면 왼편에 "청송진보토기"라는 간판이 나온다. 면 소재지에서 1킬로미터 거리. 큰길에서 옹기굴이 보인다.

● 이무남(62, 경북 청송군 진보면 진안4리 351번지, 054-874-3362)

옹기를 빚을 때 필요한 도구들. 도개, 부채, 근개, 물가죽, 방망이 등.

이무남 씨 집앞에 마치 옹기 전시장처럼 잔뜩 쌓여 있는 옹기들.

이기동 · 조충익

부채장이

옛날 우리네 어머니가 파리, 모기 쫓아가며 어린 자식들을 잠재우던 부채. 한여름이면 후텁지근한 더위는 물론 답답한 가슴속까지 시원하게 부쳐주었던 부채가 언제부턴가 주변에서 흔히 만날 수 없는 물건이 되어가고 있다.

아울러 부채에 스며 있는 우리의 정서와 추억과 문화까지 선풍기와 에어컨에 자리를 내주고 저만치 물러나고 말았다. 그럼에도 아직 부채의 옛 멋을 지켜가며 부채와 더불어 살아가는 사람들이 있다. 한 사람이라도 부채를 찾는 이가 있는 한 그들의 작업은 계속될 것이다. 설령 그것이 선반의 전시용이나 애꿎은 노리개 노릇을 할지라도.

이기동 씨가 낫칼을 이용해 접부채의 양쪽 손잡이 부분을 깎고, 다듬고 있다.

갓대에 등뼈(갓대 아랫자락에 붙이는 뼈)와 병죽(단절)을 붙인 뒤, 줄로 다듬고 있다.

접부채(합죽선) 외길 53년, 이기동

전주 시내에서 임실 쪽으로 달리다 보면 완산구 대성동에서 전주 공예품 단지를 만날 수 있는데, 이곳이 바로 부채 만드는 사람들이 모여 있는 곳이다. 공예품 단지에 도착해 가장 먼저 우리는 접부채를 만드는 이기동 씨(71)를 찾았다. 여름이 끝나갈 무렵이어서 내심 부채 만들기가 끝났으면 어쩌나 걱정을 했지만, 그의 집 안으로 들어서면서 오히려 너무 바쁠 때 찾아온 것이 아닌가 걱정되었다. 방 안은 온통 부채 투성이었다. "요즘도 부채가 잘 나가는 모양이죠?" 인사말을 던진다는 것이 대뜸 성급한 질문을 하고 말았다.

"아무케도 옛날만 못히여. 그래도 주문이 들어와 찾는 사람이 꽤 있응게, 이래 허지." 그에 따르면 요즘엔 겨울, 여름을 가리지 않고 만든단다. 부치기 위해 찾는 사람도 있지만, 최근 들어 선물을 하거나 집 안에 두고 보는 사람이 더러 있기 때문이다.

그가 처음 부채를 만들겠다고 뛰어든 것은 그의 나이 열아홉 살 되던 1948년. 어린 시절 생활이 어려웠던 그는 남의 집 꼴 베는 일과 품팔이 생활을 해오다 부채 공장에 발을 들여놓은 것이 인연이 되어 오늘에 이르게 되었다. 올해로

병죽에 가피(얇게 저며낸 대나무 껍질)를 붙이고 있다. / 맨 위

종이를 바르기 전에 종이 바를 자리를 칼로 따내고 있다. / 위

부채를 만들기 시작한 지 53년째인 셈이다.

"처음에 시작은 매제 되는 분이 부채 일을 했었는데, 이게 전주 특산품이고 수출도 하는 거니까 한번 배워보라 그래서 공장에 들어갔어. 그때 선생님이 배귀남 씨라고, 그 선생한테 배웠어. 그때는 내가 열아홉잉게라 기운이 팔딱팔딱할 때고 앉아서 일헝게 다리가 아파서 못허겄드라고. 작업장도 간신히 고개를 숙여야 드나들 수 있는 그런 방에서 하루종일 스님

이기동 씨가 종이를 바르기에 앞서 살대를 살피고 있다.

종이를 바를 때는 부채살을 펴서 풀을 묻힌 뒤, 다시 살 하나 하나를 잡아내 종이를 붙인다.

이 참선하드기 앉아서 작업을 해야 허니, 나중에는 다리 통증으로 마비 증세까지 오드라고. 손에는 맨 상처 고, 잠은 부족허지, 도저히 못허겠다 고 도망나왔지. 도망나오면 또 매제 허고 선생님 허고 권고해서 또 들어 가. 그러면 또 못히여. 그 전에는 부 채 작업을 숯불로 피워 다 했어. 일 이 말도 못히여. 그래 내가 다섯 번 을 들락날락한 사람이여. 나중에는 마지막으로 선생님이 권고해서 다시 들어가 주저앉은 거지. 그렇게 3년 간을 선생님한테 배우고 독립을 했 어. 근디 3년을 배워서는 부채도 아 니고, 아무것도 아니여."

부채 만드는 것이야 그렇다 치고 우선 처음 독립해서는 일감을 얻어올 수가 없었다. 고향이 전남 장성군 북이면 백암리였는데, 열한 살 때 전주로 나온 터라 주위에 아는 사람도, 도와줄 만한 사람도 없었던 것이다.

"여가 객지가 돼 노니까, 기술 배웠어도 알아주덜 안히여. 그러니 곤란 하더란 말이여. 그래 우리 안식구가 고상 엄청 했어. 안식구 아니었으면 벌써 딴디 갔을지도 모르지. 그때 내가 니어까라도 끌자고, 채소장사라도 허면 보리죽이라도 연명할 게 아니냐, 허는 소릴 수십 번 했어. 그래도 했다.

"전주 합죽선의 역사가 820년이 넘어. 옛날에는 구례나 곡성, 담양에서도 다 부채를 맨들었는디, 그 중심은 전주였당게. 다른 지역에서 나오는 합죽선도 전주에서 검사를 맡은 뒤에 진상을 했디야. 오월 단오 때 임금님이 신하들이나 외국 사신들헌테 선사품으로 이 합죽선을 줬다누만. 합죽선이 그런 부채여."

그가 50년 넘게 외길을 걸어올 수 있었던 힘도 바로 그런 자부심에 있지 않을까.

둥근부채(태극선)의 대가, 조충익

둥근부채의 역사는 접부채보다 훨씬 오래 전으로 거슬러올라간다. 접부채가 고려시대에 나온 것이라면 둥근부채는 삼국시대 때부터 있었을 것으로 추정된다. 옛날 후백제의 견훤이 고려의 왕건에게 부채를 보냈다는 기록*도 『삼국사기』에 전해온다. 이때 견훤이 보낸 부채가 둥근부채의 하나인 '공작선'(공작의 꼬리깃으로 만든 부채)이라고 한다. 이렇게 오랜 역사를 지닌 둥근부채도 역시 전주의 것을 으뜸으로 쳤다. 전주에서 접부채

*류장우 씨는 앞의 책에서 『삼국사기』 견훤전에 나오는 기록으로 미루어 보아 고려시대 이전에 부채가 있었을 것으로 보고 있다.

조충익 씨가 둥근부채를 만들기 위해 대나무를 쪼개고 있다.

백지에 풀칠을 한 뒤, 얇게
쪼갠 대나무살을 놓고 있다.

하면 이기동 씨를 꼽듯, 둥근부채(태극선) 하면 조충익 씨(53)를 먼저 꼽
는다.

조충익 씨의 작업실은 접부채를 만드는 이기동 씨 집에서 뒤편으로 조
금만 돌아가면 나온다. 그의 작업실 풍경은 난삽(?)하기가 접부채보다
더 심했다. 작업실이 온통 둥근부채 완성품과 한지, 천조각, 대나무여서
발 들여놓을 틈이 없을 정도였다.

그가 처음 부채를 만들기 시작한 것은 28세 때 그 전에는 18세 때부터
'소형 병풍' 과 같은 작은 민예품 작업을 했단다. 장수군 번암면이 고향인

그는 시골에 태어난 죄로 초등학교를 졸업하고 농사를 거들었다. 그러나 청년이 되어가면서 마냥 농사에 매달릴 수만은 없다고 여겨 전주로 나와 소형 병풍 만드는 일을 배웠다고 한다.

어려서부터 그는 손재주가 있다는 소리를 많이 들었는데, 그 손재주를 펼 곳이 필요했었던 것이다. 그러나 전주에 머물면서 자주 부채를 접하게 되고, 매력을 느끼면서 그는 자신의 손재주를 부채에 쏟아부울 생각을 했

백지에 살을 놓고 나면, 그 위에 태극무늬 한지나 비단을 붙이고, 연필로 부채 모형을 떠서 자르기 좋게 만든다.

다. 워낙에 솜씨가 남달랐던지라 그는 임선권이란 분한테 자문을 구하듯 잠시 배우고는 독학으로 부채 만드는 요령을 터득했다. 하여 얼마 지나지 않아 그는 태극선의 표준 작도법까지 만들어냈다.

"이 태극선은 삼태극 모양인디, 원래는 원리를 모르고 하는 사람이 많았어요. 한 사람 거치면 다른 모양 나오고, 그래서 삼태극 표준 작도법을 만들어 제작하기 시작한 거죠."

사실 둥근부채란 것이 접부채에 견주어 만들기가 훨씬 쉬울 것 같지만, 꼭 그런 것만은 아니다. 둥근부채는 전체적으로 얇고 넓어서 잘못 풀칠해 놓으면 비

틀어지고, 휘어지고, 뒤틀리게 된다. 부채살의 힘과 한지와 비단의 결 사이의 장력이 조금만 맞지 않으면 우그러지고 마는 것이다. 그래서 그가 고안해낸 방법은 이른바 '합판의 원리'를 이용한 것이다.

"그러니까 종이결과 비단결, 대나무결을 한쪽은 세로로, 한쪽은 가로로 놓아 조화를 이루게 했어요. 그래야 뒤틀리지 않아요."

둥근부채의 대명사인 태극선의 제작 과정을 보면 이렇다. 가장 먼저 대나무를 잘라야 하는데, 약 1밀리미터 정도로 얇게 자른 다음 일정한 크기로 다시 쪼갠다. 그런 다음 종이에 풀칠을 고르게 하여 쪼개놓은 대나무살을 놓는다. 이것을 '살놓기'라 한다. 계속해서 종이 위에 한지나 비단으로 태극무늬를 오려 붙인 뒤, 이것을 다시 풀칠하여 대나무살에 붙이고 고르게 펴지도록 발로 밟는다. 그 다음에는 뒤틀리지 않게 건조시켰다가 부채 모양대로 가위로 오리면 된다. 여기서 끝난 것이 아니다. 오린 뒤에는 부채 가장자리에 일정한 너비로 한지를 둘러붙이는데, 이를 '변선 두르기'라 한다. 마지막으로 태극무늬를 붙인 부채살을 자루에 끼운 뒤, 못을 박고, 끈을 달면 작업이 모두 끝이 난다.

그는 일반적으로 우리에게 잘 알려진 태극선을 주로 만들지만, 몇백만 원까지 값을 쳐주는 둥근부채 '작품'에도 많은 시간과 공을 들이고 있다. 그의 작업실에만 해도 그가 그 동안 만든 작품들이 꽤 많이 보관돼 있는데, 이 모든 작품들이 '부채도 이렇게 아름다울 수 있구나!'하는 감탄을 자아내게 하는 것들이다. 오엽선(오동잎 모양), 연엽선(연잎 모양), 파초선(파초잎 모양), 대원선(대형부채)을 비롯하여 이름을 알 수 없는 갖가지 모양의 수많은 부채들을 만날 수 있다

이렇게 그가 작품(상품을 제외한)으로 만든 부채는 100여 작품이 훨씬

198

넘는다.

그에 따르면

300작품이 넘게 되

면 전시관에 따로 전시할

계획이란다. 아울러 그것을 계기

로 전주에 부채박물관을 세우는 것도 그

의 장기적인 계획이다.

연필로 그린 부채선에 맞춰 가위로 잘라낸다.

　그가 만드는 태극선은 화려하고 아름다운 게 특징이다. 올림픽이나 국제대회에 나가는 우리 나라 체육 선수단이 트랙을 돌며 흔드는 태극선을 많이 보았을 것이다. 그것들 가운데 상당수가 바로 그가 만든 태극선이다. 본래 태극선은 합죽선과 더불어 전주의 상징물이나 다름없었다. 그러나 언제부턴가 생활방식이 바뀌고, 선풍기와 에어컨이 나오면서 부채의 수요는 급격히 줄고, 그것을 만드는 기능도 자연 퇴보하고 말았다.

　"내가 처음 시작할 때만 해도 열 명 정도 됐는데, 지금은 두세 명이 고작입니다. 옛날에는 이게 생활용품이었지만, 지금은 그저 선물용이나 장식용으로 팔리는 편이에요."

　사실 부채란 것이 과거에는 생활에서 흔히 쓰고 버렸던 관계로 옛날 부채가 거의 남아 있지 않다고 한다. 다른 생활용품도 그렇지만 부채는 더더욱 종이로 되었기 때문에 찢어지거나 망가지면 대수롭지 않게 버리고

199

조중익 씨가 자루를 끼운 뒤, 못을 박고(사북 박기 과정) 있다.

말았다. 또 옛날에는 부채의 쓰임이 다하면 아궁이에 넣어서 태우는 게
전통이었다. 때문에 남녀노소, 신분을 가리지 않고 모든 사람이 쓰던 예
전의 부채를 오늘날 만나기란 쉽지 않은 것이다.

더욱이 안타까운 것은 현재 부채를 배우려는 사람이 거의 없다는 사실
이다. 그가 지난 1998년에 도 무형문화재(선자장)가 되었지만, 아직까지
자부심을 가지고 전수하려는 사람이 없다고 한다.

"젊은 사람들이 이걸 배우려고 안해요. 돈이 안 되니까. 또 배우겠다는
사람도 제일 먼저 몇 시까지 근무하느냐, 월급이 얼마인가부터 따지는 현
실입니다."

이것이 어쩔 수 없는 현실이다. 그럼에도 그처럼 고집스럽게 전통을
이어가려는 사람들이 있어 오늘날 전통 부채의 맥을 이어나가고 있
는 것이다.

| 기행수첩 |

부채를 만드는 이기동 씨와 조충익
씨를 만나려면 '전주 특산품 단지'로
찾아가야 하는데, 특산품 단지는 완산구
대성동에 자리잡고 있다. 호남고속도로에서
전주 인터체인지로 나와 1번 국도를 타고 전주까지 온
뒤에 전주에서도 계속해서 1번 국도를 따라가면 완산구가
나온다. 도로 왼편에 특산품 단지 간판이 붙어 있다. 단지에

201

들어서 왼편으로 보이는 집이 이기동 씨 집이고, 오른편으로 꺾어져 조금 더 들어가면 조충익 씨 작업실이 나온다. 특산품 단지에는 이들 말고도 부채를 만드는 사람들이 더 있어, 부채를 만드는 다양한 모습을 만날 수 있다. 먹을 데와 잘 데는 전주에 얼마든지 있다.

- 이기동(71, 전북 전주시 완산구 대성동 242, 063-285-3773)
- 조충익(53, 전북 전주시 완산구 대성동 240-9, 063-287-8015)

조충익 씨가 만든 둥근부채. 무궁화꽃무늬를 응용한 부채.

202

옛 서민들의 생활필수품, 죽세공품

여름밤에 끼고 자면 서늘한 기운이 감돌아 잠의 맛을 한층 더 즐겁게 해주는 부인이 있다. 이름하여 죽부인. 죽부인은 담양에서 주로 생산되며, 여름의 더위를 식히는 또 하나의 '부인'으로 사랑을 받고 있다. 본래 죽부인은 고려시대 성리학자인 이곡이 대나무를 의인화하여 절개 있는 부인에 대한 이야기를 하고 있는 「죽부인전」이란 가전체 작품에서 비롯된 것이다.

절개 있는 부인이기 때문일까. 예부터 이 죽부인은 아버지가 사용하던 것을 자식이나 다른 사람이 껴안을 수가 없었다고 한다. 또 겨울철 사용하지 않을 때에도 반드시 부모가 잠 자는 방에 보관하고, 아버지가 돌아가셨을 때는 불에 태워주었다. 물론 이 부인은 대나무로 만들어졌다.

매화, 난초, 국화와 더불어 사군자의 하나였던 대나무는 흔히 지조와 절개의 상징으로 여겨져 왔으며, 예부터 선비들은 '언제나 푸르고, 곧고, 마음을 비운' 대나

담양 일대에서 흔하게 만날 수 있는 왕대나무숲. 이 숲의 많은 대나무에서 죽제품이 탄생하는 것이다.

무의 속성을 본받아 마음닦기의 본보기로 삼았다. 익히 알려진 고산 윤선도의 「오우가」에도 대나무는 물, 돌, 소나무, 달과 함께 다섯 벗 가운데 하나로 표현되고 있다. 선비들에게 대나무가 정신적인 지표였다면, 서민들에게는 이것이 일상생활에 없어서는 안 될 생활용품의 재료였다.

옛 조상들은 대나무로 못 만드는 것이 없었다. 초롱이나 등, 등잔대, 발, 상, 죽부인, 베개, 부채, 석작과 말석, 구덕, 지팡이, 도시락, 조리, 바구니, 그릇, 소쿠리와 채반, 키, 삿갓, 참빗, 반짇고리, 바작, 삼태기, 물레, 용수(술거를 때 쓰임), 활, 화살통, 통발(쑤기), 대금, 단소, 피리, 심지어 굴뚝까지도 대나무를 원통 모양으로 엮어 만들었으니, 그야말로 대나무가 없었으면 어떻게 살았을까 싶다.

이렇듯 쓰임새가 많았던 대나무가 가장 많이 나는 곳은 아무래도 남쪽 지방인 전라남도, 전라남도에서도 담양 일대에 가장 많은 대나무가 분포하고 있다. 일찍이 담양이 죽세공예

죽물박물관에서 만난 조운창 씨가 붓통에 산수도 조각을 하고 있다. 조각칼로 곧바로 밑그림을 뜨고 빈 곳을 파내 그림을 만든다.

및 죽생활용품의 주산지로 널리 알려진 것도 그 때문이다. 본래 대나무는 중국 하남 지방이 원산지로 그 종류만도 3천 종이 넘고, 우리 나라에 자라는 것만 해도 솜대, 왕대, 조릿대, 오죽 등을 비롯해 70여 종에 이른다고 한다. 이 중 64종의

부채는 대표적인 대나무 제품이다. 사진은 접부채 만들기에 앞서 대나무살을 살피는 모습.

두밥이 된다고 한다. 이렇게 쪄낸 고두밥은 끓인 물에 엿기름(엿질금)과 함께 섞어 또 한 번 끓여낸다. 어느 정도 끓이면 식혜처럼 밥티가 동동 떠다니는데, 이것이 이제 엿물이 되는 것이다.

"불이 세면 너머 익어뻗지고, 약하면 멍청해서 안 돼. 조정을 잘해야 밥티가 동동 떠다닌다구."

약 한 시간 정도 끓여낸 이 엿물은 함지에 퍼담아 따뜻한 방 안에다 이불을 덮어놓고 7시간 정도 삭혀내야 한다. 새벽 4시부터 3시간 동안 계속된 작업은 엿물이 완성된 7시가 되어서야 한숨을 돌렸다. 이제 오후 1~2시까지는 엿물이 삭을 때까지 기다리는 일만 남았다. 오후 1시가 조

엿의 재료가 되는 쌀은 고두밥을 만들기 위해 미리 5시간 정도 물에 불려놓는다.

고두밥은 엿기름과 함께 섞어 또 한 번 끓여 식혜를 만든다. 사진은 '식혜물'을 퍼서 체로 거르는 엿물 거르기 작업.

금 넘어 우리가 다시 장옥례 할머니 집을 찾았을 때는 때마침 엿물 거르는 작업이 진행되고 있었다. 본래 엿물 거르기는 '식혜물'을 퍼다 체로 한 번 거르고, 삼베자루에 넣어 다시 한 번 짜면서 물만 남기고 엿밥(찌꺼기)은 걸러내는 작업으로, 최근에는 '탈수기'를 이용해 짜내면서 일이 한결 편해졌다고 한다.

이제 이 걸러낸 엿물로 조청 상태가 될 때까지 달여야 하는데, 이때는 불을 때는 중에 엿물이 넘치지 않도록 얼마 동안 솥과 솥뚜껑 사이에 밀가루 반죽으로 시루벽을 해 붙인다. 또한 시루벽을 떼낸 뒤에는 커다란 나무주걱으로 약 300여 번 정도는 저어주어야 한다.

"그렇게 저어줘야 엿이 맛나고 불내도 안 나지. 빨리 졸이면 엿에서 불내가 나. 또 이렇게 저어줘야 엿이 연해지고, 양도 많이 나와. 안 젓고 바로 해놓으면 엿이 꼭 송진 같어. 한 번 해보고, 두 번 해보고, 여러 번 하다 보니께, 지끔은 물만 쳐다봐도 알아."

그의 말에 따르면, 묽은 엿물이 조청 상태가 되려면 약 5~7시간 정도 달여야 하는데, 불을 조정해 가며 슬슬 졸인 것이 엿도 맛있다고 한다.

조청 상태가 되었다고 엿물이 다 완성된 것은 아니다. 조청이 엿이 되기 위해서는 거품이 부글부글 끓을 정도가 되어야 한다. 이렇게 거품이 일게 되면 엿물을 떠다 함지에 퍼담아 알맞게 굳어질 때까지 따뜻한 방에 또 한 번 덮어놓는다.

212

"너머 굳으면 못쓰니까, 따슨 방에다 놓고 이래 손이 안 딜 정도 온도까지 덮어놔. 그라고 이것을 자꼬 열어보면 안 디야. 바람이 드가면 엿이 너머 굳어삔지니까."

오후 6시가 되자 엿을 만들기 위한 모든 준비가 끝이 났다. 이제부터는 두어 시간 방 안에 물엿을 두고 식혔다가 어느 정도 굳어지면 엿반죽을 잡아당겨 엿을 만드는 일만 남았다.

저녁 8시쯤 다시 그의 집을 찾았다. 엿 늘이는 것을 보기 위해서다. 이웃에 사는 동네 할머니, 아주머니들도 장옥례 할머니 집에 하나둘 모여들었다. 할머니 집에서 엿을 만드는 날이면 어김없이 찾아와 일을 도와주는 이웃 할머니, 아주머니들이다.

안방에서는 벌써 엿 늘이기가 한창이다. 마냥 신기해서 그것을 보기 위해 문을 열고 빼꼼 들여다보는데, 난데없이 장 할머니의 불호령이 떨어진다. 함부로 문을 열고 엿을 늘이면 찬바람이 들어가 엿이 금방 굳어져 못쓰게 된다는 것이다. 그래서 엿 늘이기 작업을 할 때는 따뜻한 방에서 항상 문을 꼭꼭 닫아놓고 해야 한단다. 죄송한 마음에 나는 얼

엿물 거르기에서 찌꺼기는 버리고 물만 쓰는데, 이 찌꺼기를 엿밥이라 한다.

른 문을 닫고 방 안으로 들어섰다.

이른 봄날인데도 방 안은 후끈후끈했다. 엿 늘이기를 하는 사람은 모두 네 명이었다. 두 사람씩 짝이 되어 마주앉아 엿 늘이기를 하는 모습은 어디에서도 볼 수 없는 진귀한 풍경이었다. 한 사람이 엿반죽을 함지에서 떼내 한쪽을 상대편에게 건네면 상대편은 그것을 잡아 늘였다가 다시 맞은편 사람에게 건네준다. 이렇게 서로 엿반죽을 맞잡고 손을 바꿔가면서 엿늘이기를 하는데, 재미있는 것은 하면 할수록 거무스름했던 엿반죽이 희끄무레해진다는 것이다. 과연 몇 번이나 잡아당겨야 엿이 되는지 궁금해 숫자를 헤아려보니, 무려 167번이나 잡아당긴 끝에 엿이 되었다.

"이게요 잡아늘이면 늘일수록 짱짱해지는 게 할수록 힘이 들어. 일일이 이건 손으로 잡아댕기니까. 처음에는 이래 검

걸러낸 엿물은 이제 조청 상태가 될 때까지 달여야 하는데, 조청 상태가 되려면 나무주걱으로 약 300여 번 정도 저어주어야 한다.

은 놈을 허옇게 될 때까지 잡아댕겨야 허니께, 힘들지. 너이서 열두 되 가지고 저녁 8시부터 잡아댕기면 12시까지 잡아댕겨."

더 이상 잡아늘일 수 없을 정도로 짱짱해졌을 때, 이때가 바로 엿반죽을 손가락만큼한 크기의 엿가락으로 만들어 잘라내야 하는 순간이다. 엿

214

가락을 자를 때는 찬바람이 도는 마루로 가져나와 자르는데, 연장이 필요 없이 손으로 똑똑 분지르듯 자른다.

"인제 허옇게 된 놈은 차운 데로 나와서 한 사람이 엿가락을 받아 빼요. 찬 디로 나오면 엿이 굳으니까, 굳은 놈을 잘라서 마지막으로 콩고물을 묻히면 되는 거지. 오뉴월에도 이 콩고물을 묻히면 안 엉겨. 이렇게 해서 콩고물까지 묻힌 놈을 포장하면 다 끝나."

저녁 8시에 시작한 엿 늘이기 작업은 정말로 자정이 가까워올 때까지 계속되었다. 방에서 아주머니들이 엿을 늘려 마루로 내오면 장 할머니는 그것을 받아 엿가락을 만들어 자르고 콩고물을 묻힌다. 잠시도 한눈 팔 새가 없다. 드디어 마지막 엿반죽이 나오고, 엿가락을 잘라 콩고물을 묻히고 나서야 할머니는 휴우, 길게 한숨을 쉬었다. 이제 남은 것은 석작

장옥례 할머니가 다 달인 엿물을 퍼내고 있다.

(대바구니)에 담는 일이지만, 지금까지의 일에 비하면 식은죽 먹기다. 엊저녁 쌀을 불리는 것에서부터 시작한 엿 만들기는 이렇게 하루 반 만에 끝난 것이다.

할머니에 따르면, 보통 한 달에 쌀 한 가마 분량의 엿을 만든다고 한다. 여름철 5월부터 8월까지 넉 달 정도만 빼고는 일 년 내내 엿을 만드는데, 보통 쌀 한 말(쌀 한 되에 엿기름은 한 사발 정도 들어간다)이 들어가면 엿 한 말이 될둥말둥하단다.

"이게 뱃속이 펜코, 들일 나갈 때 이거 먹고 나가면 배가 든든히여. 우리 엿은 시 살짜리도, 팔십 노인네도, 틀니를 꼈어도 엿이 입 안에서 잘 엉기덜 안해. 다른 엿은 보면 깡깡해서 입에 넣으면 뻣뻣해. 헌디 우리 엿은 입에 넣으면 보드라웁지. 시장에서 파는 것은 방부제를 많이 넣어서 3년썩 가는 놈도 있어. 이건 방부제 일절 넣지 않고, 입에 달라붙지 않고, 소화가 잘 돼."

하긴 대를 이은 오랜 손맛을 기계로 빼낸 엿가락이 어찌 따라가겠는가.

처음 그가 엿을 만들기 시작한 것은 열네 살 때라고 한다. 열네 살 때 시집을 왔는데, 시어머니가 그렇게 엿을 잘 만들더라는 것이다. 해서 그때부터 자연스럽게 엿 만드는 법을 배우기 시작했다. 햇수로 따지면 올해로 엿을 만든 지 62년째인 셈이다. 물론 옛날에는 집에서 먹는 것 위주로 명절 때마다 조금씩 한 것이고, 본격적으

로 일 삼아 엿을 만들기 시작한 것은 15년 전부
터이다.

"내가 나무 들여서 주문이 들어오면 계
속 엿을 허는디, 주문이 계속 들어오는
편이여. 한 번 엿을 만들기 위해서는
사흘품이 들어. 젊어서는 이것저것
해서 얼마라도 벌었는디, 늙응께로 그
냥 집에서 노느니 이래 끈덕끈덕 허는
거지 뭐. 옛날에는 농사 짓고 질쌈 허고,
소 키우고 아이고 논 한 뙈기가 없어서 비단
장사도 허고, '문어 오리기' (문어와 오징어 등으
로 모양을 낸 폐백 음식)도 허고, 물장사도 혔어. 고로쇠물 고
놈을 갖다가 서울까지 기차로 실어날라 갖다 폴고 그렸어. 아이고 아궁
지에 불 때면서도 이때껏 살았으니, 손 꿈직일 때까진 살아야지 허는 생
각이 들어. 젊어서는 애 키우롬서도 삼베 질쌈 다 짜고, 명 잡고(명주 짜
고), 열댓 마지기 농사를 다 졌어. 헌데 지끔은 논밭 다 조뿐지고, 올핸
너 마지기 농사지었나."

지금도 그는 틈틈이 농사를 지으면서 엿 만들기와 더불어 '문어 오리
기'와 같은 폐백 음식을 다 만들고 있다.

"내가 남의 환갑, 잔치, 초상집 상도 많이 꾸며줬어요. 잔치나 제사를
칠라믄 사람덜이 나를 오라그래."

그가 만드는 엿도 '문어 오리기'처럼 폐백 음식으로 많이 나간다고 하
는데, 주로 구례와 순천 등을 비롯해 서울로도 많이 나간다. 보통 할머

엿을 늘이기 위해 밀가루 위
에 엿반죽을 떠놓은 모습.

217

이웃 아낙네들이 장씨 할머니 집에서 엿늘이기 작업을 하고 있다. 이 엿늘이기는 많게는 200여 번 정도 잡아당겨야 엿이 된다.

가 만든 엿은 석작에 넣어 한 상자에 5~6만 원 정도. 만일 쌀을 갖다주면 품삯으로 한 되에 5천 원 정도만 받고도 엿을 만들어 준다.

"그 전에 시어머니 계실 직에는 돈 받고 폴고 그런 건 싫으라고 그맀어. 내가 인자 여살던 이 오두막을 밀어뿔고, 집을 짓고 헌 것도 내가 엿도 팔고 억척시럽게 혐시롱 된 거지. 아이고, 옛날에는 우리 영갬님허고 싸움도 많이 혔어. 자식은 갈치야 되겠고 허니 논도 팔이야 허고. 그래도 내가 딸네덜까진 못갈칬어. 옛날에넌 참 너머 가난해서, 둘째메느리가 여기 시집을 옹께로 디럽게도 가난허다고, 안 살라고 보따리를 쌌어. 그랬는디, 혼인신고를 해뿌리고 자식을 본께로 넘겉이 키워야겠다는 맴이 들었디야. 내가 남의 일은 낮에 허고, 우리 일은 밤에 혐시롱 그 고상을 허고, 고상을 짊어지구 혔어 내가."

우리네 모든 어머니가 그러하듯 당신의 헌신적인 고생은 언제나 자식과 가족을 위한 것이었다. 장옥례 할머니의 고생도 예외가 아닐 것이다.

신보현

올챙이 국수장수

신보현 씨가 집 옆에 자리
한 옥수수밭에서 옥수수를
꺾고 있다.

어느덧 가을이 시작된 봉평 들녘
에는 희디흰 메밀꽃이 절반 넘
게 지고, 붉은 꽃대궁만 화안히 가을 햇
살에 젖어 있다. 아쉽게도 메밀꽃 필 무
렵의 알싸함이 다 지난 봉평의 가을. 그
래도 사람들은 삼삼오오 한적한 봉평의
가을에 취해 흥정천을 거슬러오른다. 게
중에는 더러 효석을 만나러 휑덩한 그의
생가를 찾아 차를 몰아가는 이들도 있다.

아마도 그들은 물레방앗간에서의 잊을
수 없는 하룻밤 이야기에 한번쯤 넋을 주
었거나 소금을 뿌린 듯한 메밀꽃 풍경에
한동안 푹 빠져보았던 사람일 것이다. 우
리가 탄 차는 바로 그들의 꽁무니를 바싹
뒤좇았다. 하지만 우리의 봉평 나들이는
그들과 사뭇 다른 것이어서 봉평에서 알
아주는 올챙이 국수장수를 찾아가는 길
이다.

올챙이 국수 하면, 강원도 여러 곳에서
간간 맛볼 수 있는 것이지만, 평창이야말
로 올챙이 국수의 옛맛이 제대로 남아 있
는 곳이라 할 수 있다. 특히 닷새마다 열리는 봉평장에 가면 이 옛맛 그
대로의 올챙이 국수를 맛보러 일부러 멀리서까지 찾아오는 사람들을 만

신보현 씨가 옥수수에 칼을 대고 한 번에 너댓줄씩 옥수수알을 따내고 있다.

신보현 씨가 물에 불려놓은 옥수수를 맷돌에 갈아내고 있다.

날 수 있다. 이들은 모두 봉평면 창동리에 사는 신보현 씨(60)의 손맛을 잊지 못해 찾아온 사람들이다. 대체 올챙이 국수가 맛있으면 얼마나 맛있단 말인가! 그 궁금증을 풀기 위해서는 신보현 씨를 직접 찾아가는 수밖에 다른 도리가 없을 듯하다.

신보현 씨의 집은 효석 생가로부터 불과 1킬로미터 정도 떨어진 창동 4리에 위치해 있는데, 홍정천을 건너 전시용 물레방앗간과 메밀밭을 지나면 금방이다. 해가 뉘엿뉘엿할 무렵 신씨의 집에 들어서자 사람은 보이지 않고, 마당 한쪽에 옥수수만 수북히 쌓여 있다. 필경 저 옥수수가 올챙이 국수의 재료가 될 터이다. 잠깐 옥수수에 눈을 주고 마당을 서성이고 있는데, 집 옆으로 펼쳐진 옥수수밭에서 바스락거리는 소리가 들렸다. 그 소리는 점점 크게 들리더니 이내 사람의 모습이 나타났다. 바구니 가득 옥수수를 꺾어 나오는 신보현 씨다. 다 저녁에 옥수수를 꺾고 있었던 것이다.

옥수수 바구니를 옆에 낀 신씨에게 꾸벅 고개를 숙여 인사하자, 그 쪽에서도 꾸벅 고개를 숙여온다. 사실 신씨와는 초면이 아니었다. 1년 전 봉평장에서 우연히 올챙이 국수를 파는 신씨를 만나 이미 얼굴을 튼 사이였다. 그럼에도 신씨는 나를 알아보지 못했다. 하긴 1년 전 잠깐 얼굴 들이밀고 1년 후에 와서 나 알아보겠수, 하면 알아볼 사람이 몇이나 되겠는가. "내일이 봉평장이라서 올챙이 국수 만드는 것 좀 보러 왔어요." 그제서야 신씨는 마당에 서 있는 사내가 어떤 까닭으로 와 서 있는지를 알아챘다. 물론 그의 표정은 그런 것 따위 보아서 무엇하겠느냐는 표정이었지만, 보겠다고 우기니 그러라고 하는 눈치였다.

"올챙이는 내일 만들어요." "그럼 오늘은 뭐 합니까?" "그냥 옥수수나

갈아낸 옥수수는 체로 한 번 더 걸러낸다. 찌꺼기와 껍질을 가려내기 위함인데, 밑에 떨어진 고운 가루(앙금)만을 쓴다.

벳기죠 뭐. 그래 옥수수알을 따서 그걸 물에 불렸다가 내일 새벽에 갈아서 끓이면 돼요."

그리하여 마당에서는 신씨의 옥수수 벗기기가 시작되었다. 보아하니 이미 여물대로 여문 옥수수들이었다. 나도 조금 거들어 잔뜩 쌓여 있던 옥수수는 순식간에 껍질을 벗었다.

이제부터는 알을 따내는 작업. 일일이 손으로 따내서는 밤을 새도 못한다. 그래서 신씨가 고안해낸 방법은 칼을 이용해 알을 따내는 것이다. 따낸다는 표현보다는 깎는다는 말이 더 적절할지 모르겠다. 옥수수에 칼을 대고 한 번에 너댓 줄씩 깎아내니까 말이다. 하지만 일반 사람들은 이렇게 칼로 깎아도 밤새 깎아야 할지 모른다. 하지만 신씨의 능숙한 칼 솜씨로는 착착착착, 네 번이면 옥수수 한 통이 금세 빈 통으로 변한다.

다 따낸 옥수수알은 갈아내기 좋게 물에 불린다. 본래는 올챙이 국수를 만들 때 알갱이가 연한 풋옥수수를 갈아서 만들지만, 풋옥수수도 한철이라 매번 그렇게 할 수는 없는 노릇이다. 이렇게 풋옥수수로 만든 올챙이 국수는 맛이나 향이 훨씬 더 뛰어나다고 한다. 그러나 풋옥수수가 나는 철이 아닌 이상 딱딱한 옥수수알을 물에 불렸다가 한다. 옥수수를 물에 담그고 나자 신씨는 바삐 부엌으로 향했다. 무엇 하나 뒤따라가 보았더니

도마에 풋고추를 올려놓고 잘게 다지고 있었다. 조선 간장이 옆에 놓인 것으로 보아 양념장을 만들려는 모양이다.

"올챙이는 간장 맛이 좋아야 돼요. 조선 간장에 풋고추를 썰어넣구 해야 궁합이 맞아요. 왜간장 갖다가 찔떡찔떡 부어주면 그게 무슨 맛이 나. 근데 지금두 다른 사람들 보면 왜간장 갖다 쓰는 사람들이 있어. 또 올챙이 간장은 고춧가루 터북하게 해서는 절대 제맛이 안 나요. 그래서 우리집은 조선 간장 항아리가 이만해. 많이 쓰니까."

그가 팔을 있는 힘껏 벌려 간장 항아리를 표현했다. 그에 따르면 올챙이 국수를 만들기 위한 오늘의 준비는 여기까지라고 한다. 옥수수를 갈고, 끓이고, 젓고, 틀에 부어서 국수를 뽑는 일은 모두 내일 새벽이나 되어야 시작한다는 것이다.

물과 함께 갈아냈기 때문에 위에는 맑은 물이, 밑에는 앙금이 가라앉아 있다.

이튿날 새벽 4시 반. 잠이 덜 깬 몸을 추스르며 신씨네 집에 도착하자 이미 그는 밤새 불린 옥수수를 갈아내고 있었다. 그에 따르면 올챙이 국수를 내려 시장에 나가는 날이면 언제나 새벽 4시에 일어난다고 한다. 십여 년 전만 해도 옥수수를 갈 때 쓰던 것은 맷돌이었으나, 지금은 워낙에 시간이 많이 걸려 기계

앙금이 가라앉았으면 위에 뜬 맑은 물을 떠내 가마솥에 넣고 먼저 끓인다.

로 갈아내는데, 기계로 갈 때도 요령이 필요하단다. 이야기인 즉슨, 올챙이 국수에 들어갈 옥수수는 껍질이 많아서 엉글게 갈아주어야 한다는 것이다. 또 물에 불려내긴 했어도 갈아낼 때는 한 번 더 물을 넣어 갈아야 잘 갈아진단다. 이렇게 갈아낸 옥수수는 체로 한 번 더 걸러낸다. 찌꺼기와 껍질을 가려내기 위함인데, 이때 나온 찌꺼기는 가축 사료로 주고, 밑에 떨어진 고운 가루는 가라앉아 앙금이 된다.

물과 함께 갈아냈기 때문에 위에는 맑은 물이, 밑에는 앙금이 가라앉는 것이다. 앙금이 다 가라앉으면 위에 뜬 맑은 물을 떠내 가마솥에 넣고 먼저 끓인다. 그리고 팔팔 물이 끓을 때쯤 앙금을 넣어주는데, 앙금은 모두 세 번에 나눠 넣어준다. 한꺼번에 다 넣어주면 국수발의 찰기가 덜하다는 것이다. 또한 앙금을 넣을 때는 골고루 저어주면서 넣는다. "한 번 넣었다가 저어주고, 또 한 번 넣고는 저어주고 그래야지." 신씨에 따르면 앙

금을 넣은 뒤부터 보통 한 시간 넘게 끓여야 묵 상태가 된다고 한다. "다 끓여서 계속 젓다보면, 인제 이게 묵이 되는 거요." 그리고 이 옥수수묵이 올챙이 국수의 재료가 되는 것이다.

　아침 7시 반. 길다란 나무주걱으로 솥 안을 젓던 신씨가 주걱질을 멈추었다. 그러고는 남편인 김영대 씨(59)를 불렀다. 드디어 국수를 뽑으려는 모양이다. 남편은 익숙하게 함지박에 찬물을 받아 그 위에 가마처럼 생긴 국수틀을 올렸다. 가마처럼 생겼다는 것은 틀을 받치는 다리까지 합쳐서 그렇게 생겼다는 것이다. 국수틀만 보면 그냥 네모난 나무상자나 다

앙금을 넣은 뒤부터 보통 한 시간 넘게 끓여야 묵 상태가 된다. 이때도 계속 저어 주어야 한다.

231

일을 도와주러 온 이웃집 아주머니가 가마솥에서 묵을 떠내 국수틀에 붓고 있다.

름없다. 다만 나무틀 밑에다 양철을 대고 촘촘하게 구멍을 뚫어놓았다는 것이 국수틀의 다른 점이다.

이 국수틀에 옥수수묵을 떠넣고, 틀덮개로 꾹 누르고 있으면 국수 가락이 함지박 안의 찬물로 떨어지게 되는 것이다. 이때 국수 가락이 처음 나오는 모양을 보면 마치 올챙이처럼 생겼다. 올챙이 국수란 이름은 바로 여기에서 온 것이다. 국수를 뽑을 때 물에 떨어지는 모양이 올챙이를 닮았다고 해서 붙은 이름이다. 본래 옛날에는 박 바가지에 구멍을 뚫어 국수틀을 대신했다고 하는데, 지금의 국수틀보다 바가지에서 떨어지는 국수 가락의 모양이 훨씬 더 올챙이를 닮았다고 한다.

아내가 국수틀에 묵을 떠넣을 때마다 남편인 김영대 씨는 틀덮개로 꾹꾹 눌러 국수 가락을 빼낸다. 함지박 하나에 국수발이 가득 차자 또 다른 함지박을 가져와 꾹꾹. 결국 세 개의 함지박을 다 채우고 나서야 국수 뽑는 일이 끝났다. 하지만 여기서 다 끝난 것은 아니다. 함지박에 떨어져 쌓인 국수는 찬물에 몇 번 더 헹궈내야 한다. 면발이 뜨거우면 한낮에 상할 염려가 있기 때문이다. 올챙이 국수란 것이 주로 여름과 가을에 먹는 것이므로 본래 시원하게 먹는 찬 음식이다. 이렇게 헹궈낸 국수는 다시 비닐 자루에 찬물과 함께 넣어 묶은 뒤, 함지박에 담는다. 이제 남은 것은 양념장과 김치를 챙겨 시장까지 나르는 일만 남았다.

신보현 씨가 국수틀을 누르고 있다. 틀덮개로 꾹 누르면 국수 가락이 함지박 안의 찬물로 떨어지게 된다.

오래 전 신씨네 집에서는 국수를 손수레에 실어 시장까지 날랐다고 한다. 물론 그 전에는 머리에 이고 나르기도 했단다. 올챙이 국수를 실은 손수레가 메밀꽃이 핀 봉평 들녘을 지난다고 생각해 보라. 영화의 한 장면이 아닌가. 하지만 내 상상과는 달리 신씨는 손을 내저었다.

"아이구, 니어까에 실어나르면 덜컹덜컹해서 함지박에서 국수발 떨어지지, 물 떨어지지, 말도 못해요. 시장에 가면 니어까 바닥이 물바다야. 그래 5~6년 지나서 경운기로 갖고 대녔지. 그러다 지금은 차루다 대녀."

국수를 만들고 파는 것이야 신

국수틀로 국수를 뺄 때 처음 국수 가락이 나오는 모양을 보면 마치 올챙이처럼 생겼다. 올챙이 국수란 이름은 바로 여기에서 온 것이다.

씨 몫이지만, 지금껏 국수 누르는 일에서부터 나르는 일까지는 모두 남편이 도맡아 해왔다고 한다.

올챙이 국수를 차에 싣고 봉평장에 도착해 보니, 오전 9시 40분이 돼 가고 있었다. 정신 없이 바쁜 아침이었다. 차에서 함지박을 내리는 신씨를 보고는 여기저기서 사람들이 아는 체를 한다. 벌써부터 자리를 차지하고 앉아 신씨를 기다린 할머니도 있었다. 점심 나절도 이른데, 신씨가 올챙이 국수를 내려놓자 몇몇 사람들이 함지박 주위로 몰려들었다. 국수를

내려놓기 바쁘게 장사가 시작됐다. 그릇에 국수 가락을 퍼담고, 양념간장과 김치를 내놓는 게 전부인데도, 사람들은 군침을 삼키며 금세 그릇을 비워낸다. 아예 한 그릇을 더 시켜먹는 사람도 있다.

의정부에서 왔다는 장성심 씨(45)는 올챙이 국수맛에 대해 이렇게 이야기했다.

"맛이 시원하고 고소한 게, 면발이 부드러우니까 잘 넘어가요. 국물도 양념장을 넣어 그런지 매콤하고 개운해요. 텔레비전에서만 보다가 이렇게 봉평에 와서 먹어보니, 정말 별미네요."

신씨에 따르면, 가장 바쁜 시간은 점심때인 11시에서 1시 사이란다.

"더울 때는 엄청나게 바빠요. 이게 찬 음식이니까. 여름에 풋고추 간장에 올챙이 국수면 입맛 없을 때 그만이지. 저녁 때꺼리도 마땅치 않고 그럴 때도 사람들이 가끔 찾아요. 지금은 가정에서 할라면 힘들으니까 안하지, 품이 많이 드니까. 장날에 이래 보면, 할머이들이 나를 기달려요. 여름에는 더 기달려요. 오늘 내가 안 나가면 할머이들이 그냥 왔다갈 꺼 아니우. 그래 장날마다 나가는 거지 뭐."

신씨에 따르면 작년 메밀축제 때는 하루에 최고 260그릇까지 팔아봤다고 한다. 그때는 오전에 이미 가져온 국수가 다 팔려, 집에 가서 한 번 더 해왔다는 것이다. 보통 장날에 신씨가 파는 양은 100그릇에서 150그릇 정도. 그 동안 한 번도 남기고 온 적은 없다. "맨들 때 넉넉하게 맨들어서 가요. 공짜루 줄 것도 있구, 더 줄 것도 있으니까." 여름철 음식이긴 하지만 신씨는 4월 말부터 10월 말까지 올챙이 국수를 낸다.

"처음에는 이게 3백50원으로 시작해, 천원이 되구 1천3백 원이 되구, 1천5백 원 하다 지끔은 2천 원 해요. 그래두 아직 천 원인 줄 알구 천 원만 주고 먹자면 그냥 받구 주긴 해요."

사실 평창 읍내를 비롯해 강원도 몇몇 곳에 올챙이 국수를 파는 곳이 있기는 하지만, 주변 사람들 얘기로는 신씨네처럼 잘 팔리는 집이 없다고 한다. 옛날 어머니 손맛 그대로라는 것이다. 그가 본격적으로 올챙이 국수를 만들어 팔기 시작한 것은 지난 1979년. 20년이 넘은 셈이다.

"첨에는 그저 애들 등록금 하나라두 보탤려구 했지. 그해 옥수수가 흉년이 들었어요. 흉년이 들면 옥수수가 여물지를 않아요. 안 여문 옥수수는 쌀(알갱이)이 안 나온다구. 그래서 먹을래이 먹을 게 없어. 그래 그거를 뭐시다 쓰나, 그럭하다가 돈두 하두 필요하니 올챙이 국수를 맨들어 팔기로 한 거쥬. 그 전에는유 돈벌 게 없수. 아이들은 여럿이쥬, 식구는 많쥬, 안할 수가 없어. 그 전에는 봉평에서 우리만 이거 했어. 그때 우리 앞집에 아줌마가 있었는데, 같이했어요. 그걸 해가지구 시장엘 갔더니 을마나 잘 팔리는지 몰라. 이건 만들지를 못해서 못 파는 거여. 하루 두 번씩 맨들어 가두 모잘라서 못 파는 거여. 그때는 시장 사람들두 왜 사람이 많잖어. 그러니 금방 팔지. 하이튼 첫해부터 엄청나게 팔았지. 지금까지 올챙이 장사 중에 나만큼 그릇 숫자 많이 냉긴 사람이 없어. 한 그릇에 350원 받고 팔 땐데, 그렇게 잘 팔려두 내가 100그릇을 다 못 만들었어.

지끔이야 그저 날 기다리는 사람이 많
으니까 하지만서두."

본래 그의 고향은 용평면 노동리라는
곳. 열한 살 될 때까지 고향에 살다가
그해 어머니를 잃고, 이사를 나왔다고
한다. 당시는 전쟁중이어서 이래저래
죽는 사람이 많았다.

"그래 우리가 도사리란 곳으로 이사
를 나왔어요. 거기서 스물한 살 때까지
살고, 결혼해서 일루 와 여적지 사는 거
유. 부모님은 원래 다 이북 평안도 사람
이유. 우리 어무이 돌아가시구, 우리 할
머니가 올챙이 국수를 그렇게 잘하셨어
요. 그때는 이 올챙이 국수가 식생활이
었지. 주식으로 해먹은 거유. 나두 할머
니한테 배워 하는 법이야 알았지만, 이
게 장사가 될 줄은 몰랐어유. 내가 처음
으로 시장에 올챙이를 들고 나가니, 서
로 사먹지 못해서 앙삭이지 뭐요. 장사

하면서 국수틀을 밑이 빠지면 또 밑을 해대구 해서 세 번을 해댔어요. 틀
은 목수가 짜구, 밑바닥은 내가 손수 양철루다 맨들어 못으로 구멍을 뚫
어서 했지. 옛날 틀에서는 국수를 말면 일곱 그릇이 나와. 지금 꺼보다는
틀이 적어유."

함지박에 떨어져 쌓인 국수
는 찬물에 몇 번 더 헹궈내
야 한다. 면발이 뜨거우면
한낮에 상할 염려가 있기 때
문이다.

237

봉평장 한복판에서 신보현
씨가 올챙이 국수를 팔고
있다.

*신씨네는 주로 옥수수를
비롯해 메밀 농사와 감자 농
사를 짓는다. 더불어 사슴도
여섯 마리나 키우고 있다.

　천성적으로 그는 부지런함을 타고난 모양이다. 지금은 굳이 시장에 나
가 좌판을 벌이고 올챙이 국수를 팔지 않아도 될 만큼 생활의 여유가 생
겼으면서도 그는 장날만 되면 습관처럼 올챙이 국수를 만들게 되더라는
것이다.

　"딸네미 결혼시키고 들어온 날두, 다음날이 장날인데, 옥수수를 담갔
어요. 새벽에 일할 생각을 하면, 으휴 몸썰난다 하면서두 끝내는 허는 거
유. 이게 옥수수 한 개에서 한 그릇 나와요. 지금두 내가 장날만 가까우
면, 퍼뜩 자면 안 되지, 놀면 안 되지, 하는 생각이 들어. 농사* 지민서 이
장사 했으니까, 내가 남 곱은 일했을 거유. 그러고 보면 인생 육십이 참

238

길어요. 살아온 걸 생각하면, 여적지 살았는데, 이제 육십 살았네, 하는 생각이 들어요."

신씨의 인생 육십. 그래도 헛 장사는 아니었다는 생각이 든다. 자식들 다 키워 좋은 대학 보내고, 결혼시키고, 어느덧 손주까지 봤으며, 그런 대로 농촌에서 빚지지 않고 살고 있으니, 이 정도면 남는 장사를 한 것이 아닌가. 이틀에 걸쳐 신씨를 따라다니며 귀찮게 굴었지만, 그는 싫은 소리 한마디도 하지 않았다. 바쁜 점심때가 지나 우리가 간다고 하자, 그는 간다는 우리를 앉혀놓고 올챙이 국수를 한 그릇씩 말아주었다. 옥수수의 고소한 맛과 양념간장의 매콤하고 간간한 맛이 입 안에 착착 감겨왔다. 이 맛에 올챙이 국수를 먹는 것이렷다.

오후 3시를 넘기면서 마지막 남은 함지박도 드디어 바닥을 드러냈다. 우리가 거의 마지막 손님이었던 셈이다. 우리는 맛있게 국수 그릇을 비우고 일어났다. 그리고 나는 몰래 국수값을 그의 주머니에 넣고 시장을 나왔다. 차에 돌아와서 보니, 이게 웬일인가. 내가 찔러넣었던 천 원짜리 몇 장이 고스란히 내 주머니에 도로 들어와 있는 게 아닌가. 그는 그렇게 거기서 국수 한 그릇만큼의 정을 팔고 있었던 것이다.

| 기행수첩 |

신보현 씨는 이효석의 「메밀꽃 필 무렵」의 배경이 되었던 봉평면 창동리에 산다. 창동에 가려면 영동고속도로를 타고 가다 장평 인터체인지로 나와 6번 국도를 타고 홍정천을 따라 오른다. 장평에서 얼마 가지 않아 봉평장이 서는 창동이 나오는데, 신씨가 사는 곳은 여기서 다시 효석 공원 쪽으로 꺾어져 효석 생가 가는 방향으로 더 올라가야 한다. 효석 공원을 지나면 다리가 나오고, 다리를 건너 물레방앗간을 지나 조금만 더 올라가면 왼편으로 몇 채의 집이 모여 있는 마을이 나오는데, 거기가 바로 신씨가 사는 창동4리다. 마을에서 만나는 첫번째 골목을 따라 올라가면 된다. 여기서 효석 생가는 지척이다. 여름이 끝나갈 무렵에 이곳을 찾으면 메밀꽃과 올챙이 국수맛을 동시에 볼 수 있을 것이다. 봉평장은 2일과 7일에 열리는 5일장이다.

● 신보현(60, 평창군 봉평면 창동4리 516번지, 033-335-0500)